JN095397

異文化コミュニケーション

―自文化と異文化の理解をめざして―

上村 妙子

専修大学出版局

はじめに

　2016年に文部科学省は，近年の学校現場の変化に対応するため，これまでの学術的思考の強かった教職課程を見直し，教育職員免許法を改正することにしました。これにより，大学の英語科の教職課程においても，コアカリキュラムとして，教員免許を取得するための科目が定められました。そのコアカリキュラムの中の専門科目の1つとして「異文化コミュニケーション」が含まれるようになりました。

　こうした状況のもと，筆者も勤務先の専修大学で，2019年度からのカリキュラム改正に伴い「異文化コミュニケーション」を担当することになりました。それ以前から，異文化コミュニケーションに関連する内容は，講義科目やゼミナールで教えてきましたが，コアカリキュラムの一部として教えることは，筆者にとって新たな挑戦であり，自身の教え方を見直すきっかけともなりました。

　2021年度に専修大学から1年間の国内研究の機会をいただくことができました。そこで，この度筆者が取り組んできた内容を整理し，本にまとめてみようと思い立ちました。

　本書は，異文化コミュニケーションに関心のあるすべての読者に向けて書かれています。読者の皆様にわかりやすくするために，筆者自身の体験も含め身近な例を数多く取り上げて，平易なことばで説明することに努めてみました。また，英語文献の著者名についても，本文中はカタカナ表記を基本としアルファベット表記を添えることにしました。

　本書では，「異文化コミュニケーション」を「文化」「言語コミュニケーション」「非言語コミュニケーション」「言語コミュニケーションと非言語コミュ

i

ニケーションの関係」という4部に分けて論じています。

　第1部では，まず「文化」とは何かを考え，その定義，特徴，種類を扱っています。次いで，異なる文化，すなわち「異文化」間における相違を見える文化と見えない文化という2つの側面から捉えて説明しています。

　第2部では，「コミュニケーション」の中でも言語コミュニケーションに焦点を当てて，日本語と英語を比較しています。その際，語彙という小さなレベルからはじめ，文，文章というより大きなレベルに広げて日本語と英語の特徴を分析しています。文化的な要素にも関連づけながら両者の比較を行っています。

　第3部では，「コミュニケーション」の中の非言語コミュニケーションを取り上げ，日本と欧米のコミュニケーション・スタイルの違いを説明しています。話し手の声やそれ以外の身体，および話し手と聞き手を取り巻く空間や時間が，コミュニケーションに深く関わっていることを明らかにしています。

　第4部では，これまでの議論を踏まえ，第2部と第3部をつなぎ，言語と非言語がどのように一体となってメッセージを伝え，コミュニケーションをつくり出しているかを探っています。

　執筆にあたっては，さまざまな箇所に質問を設けてみました。これまで当たり前と思われてきた事柄にも，文化的な特徴が隠されていることに気づき，「ああ，そうだったのか」と新たな発見に繋がればと願ったからです。質問をきっかけに頭の中に生じた「？」が，本書の説明により「！」に変わることを願っております。

　2023年1月

　　　　　　　　　　　　　　　　　　　　　　　　　　　上村妙子

目　次

第1部　文化を考える

第 1 章
異文化コミュニケーションと文化

1.1 「異文化コミュニケーション」を考える

　近年「異文化コミュニケーション」という言葉をよく聞きます。日本の国際化が進み，学問やビジネスの上で海外の人々と効果的に意見を交わし交渉を進めていくには，英語ということばだけではなく，異文化コミュニケーションに関する知識や技能が重要であることがわかってきました。このような社会情勢を鑑みて，筆者の勤務校でも2019年度から，外国語（英語）の教員免許状を取得するためのカリキュラムの中に，学習内容として「異文化理解」を含め，異文化コミュニケーションを扱う科目を必修として定めることを決めました。

　久米・長谷川（2014）は，「異文化コミュニケーション」を「文化的背景を異にする存在同士のコミュニケーション」と定義しています（p. 5）。この定義に従えば，異文化コミュニケーションは，（1）「文化（的背景）を」（2）「異にする」（3）「存在（人々）同士の」（4）「コミュニケーション」と分けて考察する必要があると思われます。そこで，まず，（1）の「文化」について考えていきたいと思います。

1.2　文化とは

Q1：「日本文化」と聞いて，あなたは何を思い浮かべますか。

1.2.1　文化の種類：伝統文化，高等文化，一般文化

　文化を考える上で，重要な点はその多様性です。石井（1998）は，文化を
伝統文化，高等文化，一般文化の3種類に分類しています。

　伝統文化とは，歴史的に継承されてきた芸能工芸や風習を指します。日本
の伝統文化には，歌舞伎，能，茶道，習字，着物などが含まれます。外国の
人々に対しては，しばしば日本文化として，このような伝統文化を紹介する
ことが多く，Q1の回答としては，この伝統文化を挙げた人が多いのではな
いかと思われます。しかし，海外に伝統文化のみを紹介すると，「エキゾチッ
クな日本」を強調しすぎたステレオタイプによる誤解を招くことも多いとい
う問題があります。たとえば，私たちの中で能を実際に観たことがあるとい
う人は多くはないでしょう。このように，伝統文化の中には，現代の一般の
日本人にとっては，身近なものではなくなっているものもあるのです。

　高等文化は，優れた学術や芸術を指し，ノーベル賞を受賞した研究業績や，
美術館に展示されている作品などが具体例として挙げられます。これに対し，
一般文化とは，私たちの衣食住を含む日常の生活様式全般を意味します。実
は，3種類の文化を分ける境界はそれほど明確なものではありません。たと
えば，美術館に展示されている浮世絵は，江戸時代には大衆の間で人気を得
た一般文化の一部でした。その後海外に流出した浮世絵が高い評価を得るよ
うになり，日本でも太田記念美術館をはじめ多くの美術館で展示されるよう

になり，今では伝統文化，そして高等文化の仲間入りを果たしています。

　また，近年では，「文化」と聞くと，高尚な伝統文化や高等文化を思い浮かべがちです。しかし，私たちのライフスタイル全般に焦点を当てた一般文化こそ異文化理解や異文化コミュニケーション研究にとっては重要であるという見方が強まってきました（八代，2009）。この点については，1.2.3でさらに考えていきたいと思います。

1.2.2　文化の島と「見える文化」・「見えない文化」

　Q1の回答として，歌舞伎や能，富士山，京都，着物，蕎麦や寿司，アニメ，忍者を挙げた人もいるでしょう。こうした回答はすべて「見える文化」です。一方，おもてなし，思いやり，義理人情などを回答として挙げた人もいるかもしれません。こうした回答は「見えない文化」に該当します。

　見える文化と見えない文化という考え方は，海の上に浮かぶ氷山あるいは島のイメージを用いてしばしば表現されています。八代（2009）は，このイメージを図1のように表したカーター（Carter）（1997）の The Island Model of Intercultural Communication，すなわち「文化の島」を紹介しています。

　文化の島1と文化の島2は，それぞれ異なる見える文化と見えない文化を表しています。八代（2009）は前者を物理的文化，後者を観念的文化と呼んでいます。海面より上にあり見える部分は物理的で知覚できる物や事象であり，海面より下に潜んでいる見えない部分は抽象的な考え方や思考様式で，その多くは無意識のレベルに属しています。文化の島1と文化の島2は異なる見える部分と見えない部分から成り立っている一方，海面から深くでは繋がっており（芯の部分），その共通した部分は人として生きていく上で必要な事柄が含まれます。たとえば，私たちは，その形態は異なってといるとしても，皆食事をし，衣服をまとい，住居を建て，家族や地域としての共同体を作って生活をしています。

図1　文化の島

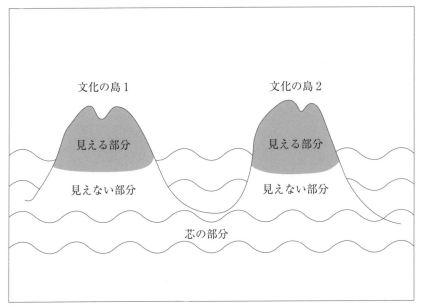

文化の島1　　　　　　　　文化の島2

見える部分　　　　　　　　見える部分

見えない部分　　　　　　　見えない部分

芯の部分

Carter, 1997, p. 15 および 八代，2009，p. 19を基に作成。

　なお，文化は精神文化，行動文化，物質文化から構成されると述べている
研究者もいます（石井，1998など）。精神文化とは私たちの知覚，認識，思
考など精神活動にかかわる部分です。行動文化は，人間の言語行動と非言語
行動を含みます。物質文化とは，私たちの衣食住を基本とする生活に必要な
もの全般を指します。この分類を前述の文化の島に照らし合わせてみると，
精神文化は見えない文化に，行動文化と物質文化は見える文化に相当すると
言えます。
　文化はさまざまな学者が定義しています。たとえば，石井（1998）は，文
化人類学の基礎を築いたタイラー（Tyler）（1871）による文化の定義を紹
介しています。それによると，文化とは「知識，信念，芸術，道徳，法律，
その他社会の構成員として人間によって習得された能力と習慣の複合総体」

と捉えられています（p. 44）。また，コミュニケーション研究者である岡部（1996）の定義は，「文化とは，ある集団のメンバーによって幾世代にもわたって獲得され蓄積された知識，経験，信念，価値観，態度，社会階層，宗教，役割，時間・空間関係，宇宙観，物質所有観といった諸相の集大成である」というものです（p. 42）。

　タイラー（1871）や岡部（1996）の主張する文化は「見えない部分」に相当します。つまり，タイラーや岡部は，「見えない部分」を重視し，そこから「見える部分」が創られていると主張しています（八代，2009）。一方，原沢（2013）は，見える文化と見えない文化は「互いに密接な関係にあり，両者が一体となって」文化というものを作り上げていると言えると述べています（pp. 30-31）。この原沢の考えに基づけば，「見える文化」が「見えない文化」に影響を与え，新たな「見えない文化」を創り出す可能性もあると言えます。たとえば，2020年からは新型コロナウイルス感染症の影響によりインターネットを用いたオンライン授業や会議が行われるようになりました。こうした新たなコミュニケーション・ツール（見える文化）は，私たちの知識の獲得方法，空間の認識，対人関係の築き方など（見えない文化）に大きな影響を与えています。今後も，見える文化と見えない文化は一体となって私たちの文化を形作っていくことと思われます。

1.2.3　一般文化の特徴

> Q2：「文化の特徴は何ですか」と尋ねられたら，どのように答えますか。

　1.2.2において，異文化コミュニケーションを考える上では，私たちの日常生活に関わる一般文化が重要であると指摘しました。ここでは，石井（1998）

と原沢（2013）の考え方を踏まえて，この一般文化の 6 つの特徴について考えてみましょう。

（1）文化は生得的なものではなく，生後学習するものである

　私たちは誕生した後，家庭，学校，社会の中で両親をはじめとする周りの人々とかかわりを持つことにより，文化を学んでいきます。どのような環境で育ったかにより，学習する文化は異なります。日本に生まれた子供が，日本を離れイタリアの現地校に通えば，国籍は日本人でもイタリア語やイタリア的なコミュニケーション・スタイルを習得していきます。

（2）文化は伝達され，継承される

　年中行事やしきたり，習慣などは親から子へ，子から孫へと新しい世代に次々と継承されていきます。日本では，正月に神社に初詣に出かけ，お節料理をいただくという習慣があります。アメリカの多くの家庭では，クリスマスにはクリスマス・ツリーを飾り，プレゼントを交換して祝い，家族で七面鳥を食べますが，新年に当たっては日本とは異なり，特別なお祝いはしません。

（3）文化は時と共に変容する

　文化は次の世代に伝えられますが，継承される内容は少しずつ変化していきます。たとえば，日本では昭和の時代には，葬儀は通常自宅で行われました。筆者の祖父が亡くなったのは昭和48年（1973）でしたが，祖父の自宅で行われ，親戚や知人が多く参列するというものでした。しかし，近年では葬儀は葬儀場で行われることが多くなりました。さらに，身内や親族のみの家族葬という形態で行われ，葬儀後に故人の知り合いに死亡のお知らせを通知するというケースも増えてきています。このように，故人を弔うための葬儀というしきたりは継承されていますが，その形態は時代と共に変化している

のです。

（4）文化は共同体を構成する人々が共有するものである

　七五三，成人式，結婚式，葬式といった人の通過儀礼は日本社会において共有されているものです。また，日本では米飯が主食ですが，それを今日からアンパンに変えようとしてもそれは日本文化とはみなされません。単なる個人的な嗜好でしかありません。同様に，日本では車は道路の左側を走行します。自分はアメリカのように右側を走りたいと考え，突然右側通行をするとたちまち交通事故が起こってしまいます。日本においては，左側通行が共同体のルールとして定まっているのです。

（5）文化は規範となる

　（4）で触れましたが，私たちは家族，学校，会社，社会といった共同体の中で生きています。文化はその共同体をまとめる上での規範となり，私たちの言動を決定するものとして機能します。規範を逸脱した振る舞いは，ルール違反，マナー違反と見なされます。言葉に関する文化規範としては，手紙やメールの書き方などがあり，こうしたマナーに関する書籍は数多く見られます。行動に関する文化規範としては，冠婚葬祭に参加する際のマナーや食事の仕方のマナーなどが含まれます。私たちの日常生活において，満員電車内では静かに沈黙を守ることも挙げられます。日本では，混雑する電車の中で大声で会話をしたり，携帯電話で通話をしたりすることは，周りの人々に迷惑となる行為とみなされます。しかし文化が異なると，見方は異なります。以前筆者はJR東海道線で通勤していましたが，満員電車の中でインド人の男性と隣り合わせになりました。すると，その男性は，日本人はなぜこんなにずっと黙っていられるのか不思議だと小声で話してくれました。乗り物の中では会話や携帯電話での通話は控えるということが日本でのマナーです。しかし，インドやイギリスではバスや電車の中で大きな声で会話をしたり，

通話をしたりするのは日常の光景なのです。

（6）文化は自文化中心主義に陥ったり，ステレオタイプを形成したりする危険性がある

　文化は私たちの言動を決定する規範になると述べました。この規範やルールを他の文化に属する人々に当てはめてしまうと，自文化中心主義に陥る危険性があります。異文化に接したとき，私たちは自分の文化の基準で判断しがちです。アメリカでは，就寝前には入浴をせず，朝にシャワーを浴びるという人が多くいます。そうした習慣を「奇妙だ」と判断してしまうとしたら，それは日本の文化基準を当てはめてしまっています。日本ほど湿度が高くないアメリカでは，夜入浴する必要はなく，朝シャワーを浴びることによって目を覚まし，一日をすがすがしい気分で始めたいと考える人が多いのだと言えます。さらには，日本人と同様に，就寝前に入浴するアメリカ人もいます。それにもかかわらず，「すべてのアメリカ人」は夜入浴せずに寝てしまうと判断してしまうと，アメリカ人の行動をステレオタイプ化してしまうことになります。ステレオタイプ化は，「奇妙だ」という違和感を拡大し，「不潔だ」という否定的な判断である偏見を招く危険性があります。

　1.1において，「異文化コミュニケーション」という言葉は，「文化（的背景）を」「異にする」「存在（人々）同士の」「コミュニケーション」と分解することができると述べました。上記の（5），（6）で挙げた文化の特徴は，異文化コミュニケーションを考える上で大切なことです。（5）ではインドから来た男性が電車の中で沈黙している日本人を不思議がっていた事例を，（6）ではアメリカ人が就寝前に入浴しない事例を挙げました。インドやアメリカという異文化に属する人々の言動を，日本文化の視点から眺めると，「奇妙だ」と感じがちです。しかし，それは，日本文化の「物差し」を他の文化圏に当てはめて，物事を判断しようとしているからです。

　異なる「物差し」の一例としては温度が挙げられます。温度は，日本では

摂氏で測りますが，アメリカでは華氏を用います。それぞれの国では異なる温度計を用いているのです。私たちは「華氏100度」と言われると違和感を覚えますが，アメリカ人に温度を伝えるには，華氏，すなわちアメリカでの温度を測定する方法を用いて伝える必要があるのです。ちなみに華氏100度はおよそ摂氏38度です。摂氏から華氏への，華氏から摂氏への換算式は以下の通りです。

摂氏$(x℃)$ ＝ （華氏$(y℉)$ − 32) ÷ 1.8

華氏$(x℉)$ ＝ 摂氏$(x℃)$ × 1.8 + 32

このように，それぞれの文化で共有されている規範に沿って，そこに属する人々の言動を眺めるという姿勢が大変重要であると言えます。

1.2.4　上位文化と下位文化（共文化）

Q3：あなたが自分を定義するとしたら，どのように定義しますか。

石井（1998）によると，日本文化を上位文化とした場合，その中にはいくつもの下位文化が含まれています。下位文化は共文化（co-culture）とも呼ばれます（長谷川，2014）。下位文化（共文化）は地域的要因と社会的要因によって分類されます。まず，地域的要因による下位文化（共文化）としては，関東文化，関西文化，九州文化などが例として挙げられます。日本は国土の狭い国ですが，地域による言語のヴァリエーション，いわゆる方言と言われるものは豊富に存在しています。冠婚葬祭の形態も土地ごとに異なり，山形県や長野県の一部では，茶毘に付してから，すなわち遺体を火葬にしてから，葬儀を執り行います。また，地域ごとに郷土料理があり，たとえば山梨のほうとう，熊本の辛子蓮根，長野の信州そば，群馬のこんにゃく料理などは有名です。こうした郷土料理はご当地グルメとして旅行者向けに紹介さ

れています。また，郷土料理は，学校給食でも提供され，子供たちが自分たちの住んでいる土地について学ぶきっかけづくりにもなっています。

　社会的要因により分類された下位文化（共文化）には，性別が基準となった男性文化と女性文化，年齢という基準による若者文化と大人文化，学生か否かによる学生文化と社会人文化，その他職業の種類によって特徴づけられた教員文化，医師文化，芸能人文化などが挙げられます。

　さて，Q3において，あなたは自分を，「私は日本人の女性で，静岡県に生まれ育ちました。現在は太陽大学の学生です。柴犬を家で飼っています。」と定義したとします。この場合，あなたの上位文化は日本文化です。地域的要因よる下位文化（共文化）は静岡文化であり，社会的要因による下位文化（共文化）は女性文化，学生文化，犬派文化と言えるでしょう。なお，原沢（2013）は，上位文化を「トータル文化」，下位文化を「サブカルチャー」と呼んでいます。このように私たちはそれぞれ，さまざまな文化の複合体の中で生きていると言えます。

1.2.5　精神文化を支える世界観

> Q4：あなたは，超自然的存在，自然，人間をどのように捉えていますか。その位置関係を図示してみましょう。

　1.2.2において文化は，見える文化と見えない文化に分かれ，さらに見えない文化には精神文化，見える文化には行動文化と物質文化が含まれるということを説明しました。ここでは，その中でも，精神文化について考えてみたいと思います。精神文化は私たちの認識や思考などの内面活動に関するものですが，それを支えているのは世界観です。世界観とは，私たちが神など超自然的存在，自然，そして人間の3者をどのように捉えているのかを意味

図2　キリスト教的世界観　　　　　図3　日本的世界観

 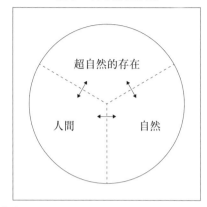

図2，図3は共に，石井，1998，pp. 51-52 を基に作成。

しています。

　図2と図3は，石井（1998）を基に，西洋のキリスト教文化圏における世界観と日本文化における世界観を図示したものです。石井はこの2つの世界観をわかりやすく解説しています。そこで，石井の考え方を基に，筆者の考えを加えて以下に詳しく説明していきましょう。ここでは，第2部以降で扱う英語圏文化と日本文化におけるコミュニケーションの特徴との関連から，キリスト教文化と日本文化を扱います。

1.2.5.1　キリスト教的世界観

　まず，キリスト教的世界観を示した図2を読み解いていきましょう。ここでは，神である超自然的存在が最も上位に，その次に人間，そして自然というように，上から順に位置づけられています。また，神に比べ人間の存在は小さく，自然はさらに人間より小さな存在となっています。つまり，超自然的存在である唯一神が人間と自然を支配し，さらに人間が自然を支配しているという主従関係が見られます。加えて，3者は分離しており繋がれていま

せん。すなわち，いくら頑張っても人間は神にはなれず，自然界に生きる動植物は神にも人間にもなることはできません。一神教の世界では唯一の神が人間と自然を支配し，人間が自然を支配しているのです。

　キリスト教的世界観では，人間と神の間には厳然たる境界があります。しかし，人間は神にはなれなくても，現世で善行を積むよう励めば，死んだ後の来世では，最後の審判を受けて地獄に落ちるのではなく天国に行けるようになります。この来世志向は，また明るい未来を創造するために進むという未来志向の考え方にも通じます。さらに，イエス・キリストは復活しますが，人間は生まれ変わることはできません。そのため，日本のように，過去から現世にもどるという輪廻転生の考え方もありません。時間は未来に向けて一直線に進むのです。

　人間と自然との間にも明確な境界があります。キリスト教においては，蛇（自然）の誘惑に負けてイブが果実（自然）を食べたことにより，アダムとイブ（人間）は神（超自然的存在）の怒りに触れ，楽園（エデン）から追放されました。自然界に生き，地を這う蛇は人間を堕落させる忌むべき存在なのです。

　ここで，絵画について少々触れたいと思います。西洋絵画には格式の上で序列があります。上から歴史画（宗教画，神話画を含む），肖像画，風俗画，風景画，静物画の順番になっています（木村，2020；中野，2021）。最高位にある歴史画は，主題として聖書，ギリシャ神話などの古典文学，そして古代史を扱っています。描く側も鑑賞する側も古典に関する高い教養が必要とされるため，歴史画は，格の高い絵画と見なされていました。つまり，歴史画の多くは神である超自然的存在を描いたものなのです。それに続く肖像画，風俗画は人間を描いたもの，風景画と静物画は自然を描いたものであり，この序列は図2の配列と一致します。

　竜は想像上の生き物ですが，自然を代表としていると言えます。歴史画の中には，竜であるドラゴンが聖ゲオルギウスによって退治されている様子を

描いたものがあります。特にロシアでは，この聖ゲオルギウスが馬に乗ってドラゴンを倒す姿を描いたイコンが数多く制作され，ロシアの国章とモスクワの市章のデザインとしても使われています。神から力を与えられた人間によって自然が征服される様子を象徴的に描き出したものと言えます。

　アメリカの大衆エンターテインメントの代表と言えば，ディズニーランドやディズニー映画だと言えるでしょう。白雪姫から始まり，近年ではラプンツェル，モアナなど多くのディズニープリンセスが動物たちと共に作り出す夢の世界に，子供たちのみならず大人たちも魅了されてきました。しかし，ディズニーが描く動物の世界は実際の自然を映し出したものではありません。清水（2021）は，ディズニーの世界を「特徴づけているのは，自然を徹底して抹消し，浄化した衛生思想である」と述べています（p. 9）。つまり，ディズニーの世界は，ありのままの自然の姿を描いているのではなく，巨大な資本により，人間によって創りだされた安全で快適なきわめて人工的なものなのです。たとえば，『ライオン・キング』に描かれた世界には，アフリカに生存する現実の動物たちは登場しません。そのため，清水は，「ディズニー映画では，どれだけ『野生』が更新されようと，文化と自然，文明と野蛮，人間と非人間という二元論的思考はたえず再構築されながら，維持されている」と主張しています（p. 287）。ここにも，人間と自然の分離，そして人間による自然の支配が見られるのです。

1.2.5.2　日本的世界観

　それでは，図 3 に描かれた日本文化における世界観はどのような特徴を持っているのでしょうか。キリスト教的世界観とは異なり，超自然的存在と，人間，自然の間には厳然たる序列もなく境もなく共存しています。日本では，人の通過儀礼として，一般的に，お宮参りや七五三には神社に参詣します。結婚式は神社や教会で，葬儀は仏式で行います。年末には，クリスマスを祝い，大みそかには除夜の鐘を聞き，新年になると神社や寺に初詣に出かけま

す。このように，神道，仏教，キリスト教の神，さらにはアニミズムに基づく森羅万象に神が宿っているという八百万の神の考え方により，超自然的存在は複数存在するのです。複数の神の存在に矛盾を感じていないのは，日本人の多くが，現世思考であるからだとも言えます。以下に詳しく見ていきましょう。

　図3における点線が示す通り，自然と神の境は曖昧であり，八百万の神の考え方を表しています。日本にはご神体が数多く存在しています。ご神体とは神が宿るとされる物体であり，山，木，石，滝などが含まれ，その周りには「神聖な場所」であることを示す紙垂と呼ばれる紙が付けられています。富士宮の浅間大社は富士山を，和歌山県の熊野那智大社は那智の滝をご神体として祭っています。

　また，人間と超自然的存在との境も曖昧で，点線で示されています。警察用語では死んだ人を「ホトケ」と表現します。また，福岡の太宰府天満宮や東京の湯島天満宮は，人である菅原道真を学問の神様として祀っています。

　こうした神社にお参りすると私たちは通常何を祈るのでしょうか。初詣に訪れると，私たちの多くは，無病息災，健康長寿，商売繁盛を願います。また，受験シーズンになると，湯島天満宮には学問の神様である菅原道真に合格祈願をするために多くの受験生が訪れます。このように，私たちは現世でのご利益を願うのです。

　人間と自然の間の境も曖昧なものです。家族や友達と「今度生まれ変わるとしたら何になりたいと思うか」といった会話をしたこともあると思います。そのとき，「犬」「猫」など自然物を答えた人もいるのではないでしょうか。これは輪廻転生の考え方で，この考え方によれば人は生まれ変わることができるのです。

　また，日本では，動物言語の研究が西洋に比べて盛んであると言われています。キリスト教的世界観では，人間と自然の間には厳然たる境界があるので，人間の重要な特性である言語の使用は基本的には動物にはできないと考

えています。一方，日本の京都大学では，チンパンジーをはじめとする動物の言語理解や認知活動について多くの研究が行われています。

　また，京都大学白眉センターの鈴木俊貴（2019）は，「シジュウカラ語」の研究を行っています。鈴木が自身の研究を踏まえて執筆した説明文は，2021年度の中学校の教科書『国語1』（光村図書，2021）に「『言葉』をもつ鳥，シジュウカラ」として掲載されています。

　美術に目を向けてみると，日本画では，しばしば花鳥風月など自然が題材として選ばれてきました。日本の城や仏閣の襖絵には自然を描いたものが多く，名古屋城の障壁画には御用絵師であった狩野探幽によって松と鳥が描かれました。近年では，高野山金剛峯寺の襖絵として，千住博が滝の流れる姿を描きました（高野山真言宗総本山金剛峯寺，2020）。まさに，日本では，昔から自然は荘厳で畏怖すべき存在として捉えられてきたのです。

　さらに，奈良・吉野にある金剛蔵王大権現をご本尊とする金峯山寺では7月に蛙飛びという行事が催されます（金峯山寺，2021）。伝説によると，平安時代中期に，山伏を侮辱した男が鷹にさらわれて断崖絶壁に置き去りにされてしまいましたが，その後自らの行為を反省したところ，金峯山寺の高僧が蛙の姿にして救い出しました。その後僧侶が読経したところ蔵王権現の法力で人間に戻ることができたということです。この伝説を実演したのが蛙飛び行事です。この伝説が物語るように，日本では，人間から動物に，また動物から人間へと自由に姿を変えることができ，両者を仲介しているのが蔵王権現のような超自然的存在なのです。まさに，この伝説は，超自然的存在，人間，自然が一体となっていることを表していると言えるでしょう。

　以上をまとめると，キリスト教的世界観では，（1）超自然的存在（神），人間，自然が分離し3者の間には序列があり，（2）来世・未来志向で，（3）唯一の神を信仰対象としていることが特徴と言えます。これに対して，日本的世界観の特徴としては，（1）超自然的存在（神），人間，自然が分離されず連続体となっており，（2）現世・現在志向であり，（3）祈る対象が複数

存在し，そのことに対して矛盾や葛藤がないことが挙げられます。

1.2.6　文化比較に関する注意点

　ここで注意すべき点は，前述したキリスト教的世界観と日本的世界観の比較は，あくまで両者の「傾向」を示したものであるということです。キリスト教徒である日本人もいるし，仏教徒である西洋人もいます。ペットを家族のように可愛がっているキリスト教徒もいるし，神社や寺に初詣に行かない日本人もいます。

　ここでは，中村圭志（2021）の説く「文化としての宗教」という立場から2つの世界観を論じています。中村は「文化としての宗教とは，社会一般に行き渡った宗教的思考と習慣の総体」であり，個人を超えて，「文化の共通語彙として地域や民族社会を覆っている」と述べています（p. 62）。さらに，こうした宗教の捉え方を，中村は「薄い宗教」と呼び，個人が強い信念を持って神仏の絶対的な存在による救いを信じる「濃い宗教」とは区別しています（p. ii）。特に日本については，中村の「文化としての宗教」，あるいは長谷川（2013）の言う「比較的穏かな宗教観」（p. 49）という視点から捉えることが適切であると考えられます。

　2つの文化的事象を比較することは，物事を把握する上で大切なことです。確かに極端な類型論はステレオタイプに，さらには偏見につながる危険性はあります。たとえば，西洋イコール個人主義，日本イコール集団主義という二元論的な考え方は，文化的なステレオタイプであると批判する研究者もいます（高野，2019）。

　しかし，筆者は，個々の事例を見る前に，まずおおよその傾向をつかむことは重要であると考えています。そうした傾向は，通奏低音のように見えない文化の奥底から響き，見える文化にも影響を与えていると言えます。

　私たちが住み慣れた日本から海外に出かけると，大小さまざまなカル

チャー・ショックを味わいます。それは，自分の文化では常識と思っていたことが，相手の文化ではそうではなく，非常識であったりすることに気づくからです。国内においても，生まれ育った土地では当たり前だと思っていたことが，他の土地ではそうではないという場面に遭遇します。

　たとえば，欧米のレストランでは，トイレが施錠されていて，トイレを使うには，お店の人に鍵を借りたり，レシートに書かれた暗証番号を打ち込んで鍵を開けたりしなければならないところがあります。そのことを知らずにトイレに行き，ドアが開かずに困った経験をした人もいるでしょう。これは犯罪を防止するためと，注文をせずにトイレだけを借りる人への対抗策と言われています。

　国内でも，冠婚葬祭には地域による相違が見られます。地方では地域共同体のつながりが深いため，首都圏では近年数多く営まれつつある家族葬ではなく，地域の人々が多数参列し，手伝う形で葬儀が営まれています。こうした葬儀に首都圏の人々が参列すると，戸惑ってしまうこともあります。

　このような場面に遭遇する前に，あるいはした後に，文化にはそれぞれ固有の特徴があるということを認識しておくと，誤解やストレスを避けることができます。そのように考えると，それぞれの国や土地の文化のおおよその傾向を理解しておくことは意味のあることだと思います。

1.3　一般文化における衣食住に関するライフスタイルの比較

　1.2.5では，「見えない文化」のひとつとして世界観を見てきました。この世界観の違いを踏まえると，欧米と日本における一般文化には，どのような文化的特徴の違いが見られるでしょうか。両者を相対的な傾向という視点から比較してみると，欧米と日本の一般文化には，いくつかの特徴的な傾向の違いが見出されます。そうした違いとしては，（1）個人としての自立の

尊重と共同体としての協調性の重視，（2）言語によるコミュニケーション
の重視と非言語によるコミュニケーションの重視，（3）客観性の重視と感
性の重視という 3 点が挙げられます。以下では，一般文化におけるライフス
タイルを取り上げ，衣食住に関して西洋と日本を比較してみましょう。

1.3.1　衣

　筆者は1980年代にアメリカに留学していたことがあります。貧乏学生だっ
たので丸 3 年間日本に一時帰国をする資金がありませんでした。出発して 3
年後に日本に帰国したときの最初の印象は，人々が皆黒髪で同じような服装
をしているということでした。

　その後，企業で働き始めましたが，昭和の時代には多くの職場で女性職員
は制服を着用していました。現在私の勤務している大学でも，平成の半ば頃
までは女性の職員は制服を着ていました。制服は高度経済成長期の日本文化
の一部であり，制服が企業という共同体への帰属意識を高め，社員が一丸と
なって労働に励むための役割を担っていたと思われます。現在では私服を採
用する企業が増えてきており，これは個人の自由と表現を尊重する動きの表
れと見ることができます。しかし，学生の就職活動を見ると，一様に黒のスー
ツを着用しており，このドレス・コードは暗黙の了解になっているようです。

　また，アメリカの若者に比べて，日本の若者はとてもおしゃれです。アメ
リカの大学生の多くは T シャツとジーンズという服装をしていますが，日
本では最新の流行を取り入れた服を着たり髪型にしたりするなど，ファッ
ションに敏感な若者が多く見受けられます。海外旅行客の中におしゃれな若
者を見つけると日本人だったということも多く，すりのターゲットにならな
いように気をつけてほしいと思ってしまいます。

　さらに，衣類の中の靴について考えてみると，家の中では靴を脱ぐ習慣が
ある日本人によく見られる行動は，新幹線など乗り物の中でリラックスする

と靴を脱ぐことです。また，室内履きは，日本ではかかとのないスリッパが一般的ですが，これは草履の西洋版と言える日本独特のものです。一方，欧米では原則として家の中でも活動をしている間は靴を脱ぐ習慣がありません。ホテルの部屋にもスリッパは用意されていません。原則として，靴を脱ぐのは入浴するときと寝るときという個人としてのプライベートな活動を行うときのみです。所かまわず靴を脱ぐことは，過度にリラックスした危険で，奇異な行為と感じられることがあります。なお，室内履きを使ったとしても，それは靴と同様にかかとのある slippers です。シンデレラが舞踏会の帰りに無くしたのもかかとのある a glass slipper でした。

1.3.2　食

> Q5：日本とアメリカのレストランでの食事の仕方について，違いを感
> 　　じた点はありますか。

「食」に関しては，レストランでの食事の仕方を取り上げ，（1）レストランに入る前，（2）レストランに入り注文する前，（3）料理を注文するとき，（4）料理が運ばれてくるとき，（5）料金を支払うときという5つの場面に分けて考えていきたいと思います。ここでは，日本と，筆者が滞在したことのある北米（アメリカとカナダ）のレストランでの食事の仕方を比較していきます。

1.3.2.1　レストランに入る前

まず，北米のレストランには入口の近くに通常メニューが掲示されています。メニューには料理の名前が書かれているだけです。一方，日本では，寿司屋や高級レストラン以外は，レストランの入り口には通常食品サンプルが

あります。客はそれを見て，入るか入らないかを決めます。日本の食品サンプルは，実物そっくりに作られており，外国人観光客にも人気でお土産として購入されています。このように，日本のレストランでは，言語・文字情報より，食品サンプルを使って視覚という感性に訴える非言語手段により情報を提供していると言えます。

1.3.2.2　レストランに入り注文するまで

　レストランに入ると人数を聞かれ，テーブルに案内されます。その後，日本ではお店のホールスタッフあるいはフロアスタッフと呼ばれる接客係がメニューを持ってきます。（ここではフロアスタッフという呼び名を使うことにします。）あるいはメニューがテーブルにあらかじめ置かれている場合もあります。北米では，host と呼ばれるスタッフが客の人数を聞き，テーブルに案内します。次に，server と呼ばれる接客係がメニューを持ってきて対応します。メニューがあらかじめ置かれていることはありません。

　ここで見かける両者の違いは，日本ではフロアスタッフはテーブルに1つのみメニューを渡すことがありますが，北米では server は必ずテーブルに座っている客の各人に対し1枚ずつ順番に渡していきます。ここにはグループを単位として見る日本と個人を単位として見る北米の接客対応の仕方が見られます。

　さらに，日本のメニューには，しばしば料理の名前と共に写真が示されており，ここでも視覚に訴える非言語情報が使われています。そのため，客は料理のイメージをつかみやすくなっています。一方，北米でのメニューには，先ほど指摘したように，料理の名前や説明はすべて文字で示されており，客は文字情報だけでは料理をイメージすることが難しいと感じます。さらに，日本のように「○○セット」という決まった料理も通常用意されていません。そこで，客はメニューの中で気になった料理について server に説明を求め，server もメニューに載っていない Today's Special などのお薦め料理を紹介

していきます。こうして，客はserverとの会話，すなわち言語コミュニケーションによる会話を楽しみながら料理の内容を確認し，serverは客を居心地良くさせるための会話術や接客力をアピールしていくのです。

1.3.2.3　料理を注文するとき

　日本では料理を注文するときは，メニューを持ってきたフロアスタッフに限らずどのスタッフに声をかけても注文することができます。最近は人手不足の対策として，多くのファミリーレストランでは，フロアスタッフを呼ぶためのブザーをテーブルに設置しています。また，家族でレストランに来た場合，親が子供の分もまとめて料理を注文する光景を見かけることがあります。ここには，フロアスタッフも客も，個人としてではなく，お店や家族というグループとしての一員という捉え方が見受けられます。

　これに対して，北米では，メニューを持ってきた特定のserverにのみ注文をすることになっており，他のserverに注文をすることはできません。注文に際しては，代表として一人がまとめて注文するのではなく，各人がそれぞれ注文をしていきます。家族でレストランに来た際，親は子供の分も注文するのではなく，小さな子供にも自分で注文をさせます。これは子供の自立を促す子育て上の訓練になっているのです。さらに，serverは，各顧客の嗜好に合うように，サラダのドレッシングの種類，肉の焼き加減，パンの種類も細かく尋ね，またアレルギーの有無も確認していきます。このように，個人としての言動や対応が，客側にもレストラン側にも求められているのです。

1.3.2.4　料理が運ばれてくるとき

　日本では，家族や友人たちとレストランに行った場合，注文した料理を持ってきたフロアスタッフが「ボンゴレはどちらのお客様ですか」「カルボナーラはどちらでしょうか」というように，それぞれの料理を注文した客を確認

してからテーブルに置くことがあります。これは，注文をテーブルを単位として記録しているからです。しかし，北米では，このような確認をすることはありません。それぞれの客が注文した料理は，間違いなくその客の前に運ばれてきます。それは，テーブルとしてではなく，個人を単位として注文を記録しているからです。ここでも，顧客をどのような単位として捉えているかの違いが反映されています。

1.3.2.5　料金を支払うとき

日本では，勘定書を持ってレジで料金を支払います。チップ制度はありません。支払いに対応するのは，料理の注文したときのスタッフとは限りません。割り勘をする場合は，レジで申し出て，それぞれの客が支払いますが，割り勘を避けグループとしてまとめて支払うようお願いしている店もあります。

欧米では，server に勘定書を持ってくるよう頼み，テーブルで server に支払います。チップは server のサービスの良さに応じて，料理の代金に税金を加えた金額の通常15％以上を支払います。Server のスキルがここで評価されます。割り勘にしたい場合は，server に「split check」で，と言うと，それぞれの客に別々の勘定書が渡されます。ここでも，客は個人として対応されます。

1.3.2.6　その他

日本では，レストランは通常キッチンとフロアに分けられ，フロアで働く接客係の仕事には明確な区別はなく，一様に「○○レストランのフロアスタッフ」として働きます。一方，北米では，接客係はまとめてフロアスタッフとなるのではなく，それぞれ異なる役割を担っています。Host は予約を受けつけ，客を席に案内します。Server はメニューを説明し，注文を取り，会計を処理するまでの一連の仕事を担います。規模の大きなレストランでは，

runner が料理を客のテーブルまで運び，busser は皿を下げ，テーブルが空くと次の客のためにテーブルをセットする仕事をします。さらに，supervisor あるいは manager と呼ばれる人は，従業員のシフトを作成したり，在庫の発注を管理したりするなど，レストラン全体の現場監督の役割を演じます。

　このように，日本のレストランでは仕事の範囲が定まっていない場合が多く，席への誘導から注文，料金の会計処理に至るまで，総合的に働くことが求められています。しかし，北米ではそれぞれのポジションの業務内容は特定化され，その業務に関する技能と責任が求められているのです。ここでも日本と北米の間の全体と個，総合と特定という文化的な傾向が見てとれます。

1.3.3　住

　再度筆者の留学時代の話になりますが，初めてアメリカの家庭で下宿をしたとき，浴室が2階にあり戸惑った覚えがあります。これは，アメリカでは個人のプライバシーを尊重し，家の中も公的な空間と私的な空間を分け，リビングルームなど公的な空間は1階に，バスルームなど私的な空間は2階に配置するからです。

　日本における浴室の使い方に関しては，海外の人々がカルチャー・ショックを受ける事例があります。それは，異性の親子が一緒に入浴している姿です。日本では住宅メーカーが，父と幼い娘が一緒に湯舟に浸っている写真やコマーシャルを流すことがあります。住宅メーカーとしては，家族の団欒の一コマを映し出そうとしているのですが，一方でこのような写真やコマーシャルは，性的虐待という思わぬ解釈を生むことがあります。実際，外務省（2006）は，「海外邦人事件簿」の中で「なぜ！？　思わぬことから大騒ぎ」の事例として以下のような2つのエピソードを挙げています。

事例1

とある先進国に在住の邦人一家。現地校に通っている娘さんが作文に「お
父さんとお風呂にはいるのが楽しみです。」と書いたところ，学校から
警察に通報され，父親が性的虐待の疑いで逮捕されてしまった。

事例2

家族で撮った写真のフィルムを現像に出したところ，子供が入浴してい
る写真があるということで，警察に通報され事情聴取を受けた。

これに続けて，外務省（2006）は次のように海外で居住する日本人に向け
て注意を促しています。

　　ヨーロッパやアメリカでは，風呂場はプライバシーが強く保たれるべ
　　き場所だと考えられており，たとえ親子であっても一緒に入浴すること
　　は非常識な行為で，特に父親と娘の場合，性的虐待が強く疑われること
　　になります。また児童ポルノに関する規制・処罰が厳しく，入浴中の写
　　真を撮る等子供をポルノの対象にしている可能性があると疑われれば，
　　警察に通報されることもあります。……日本では何でもないと思われる
　　ことでも，国によっては大きな騒ぎとなり，場合によっては処罰の対象
　　となることもあるのです。

　このような親子の入浴に関するトラブルは，欧米での個としてのプライバ
シーと，日本での家族としての触れ合いという考え方の違いに由来します。
自分にとっての常識が所変われば非常識となる典型的な事例の1つと言えま
す。
　自宅で湯船に浸かってくつろいだり，温泉を楽しむというお風呂文化が日
本にはありますが，アメリカではシャワーだけを使い，バスタブに浸かるこ
とはしないという人も多くいます。ヨーロッパでは，バスタブがなくシャワー

だけが設置されているホテルも数多くあります。アイスランドには温泉が数多くありますが，入浴するには水着を着用します。このような欧米と日本の入浴に対する考え方の違いがトラブルを生む原因にもなっていると思われます。

　ジブリ映画の『となりのトトロ』では，主人公の姉妹が父と一緒に浴槽に入っている場面があります。この場面について今川（2012）は，「〔日本人は〕ほのぼのとした親子の団欒シーンとして受け止めますが，アメリカ人の親御さんからみると『Unbelievable！（信じられない！）』とのけぞるシーンとなるわけです。ほとんどのアメリカの子どもたちは自分の両親の裸を見たことがないというアンケート結果もあるのです」（p. 20）と指摘しています。

　こうした事例は，子育てに関する違いとも関係しています。特にアメリカでは，子育ては子供が自立することを目指して行われます。子供はごく幼い頃から親とは別の部屋で寝ます。赤ちゃんの脇にはモニターを置いて，親が様子を見ることができるようにしています。子供が新生児であれば授乳などで対応しますが，その後乳幼児になると泣いても親は基本的には対応しません。その後も，親は一個人として，また夫婦としての生活を大切にし，ベビー・シッターを雇うなどして，子供中心の生活スタイルに変化することはありません。そして，子供は一般的には18歳になれば大人と見なされ，家を出て大学に入ります。

　これに対し，日本では，親子が子供を挟んで川の字で一緒に寝るという光景はよく見られます。日本の狭い住宅事情にも一因がありますが，小さな乳幼児が一人で寝ることはまずありえません。電車で子供が泣けば，母親はすぐにあやします。そうしないと，周りの乗客から怪訝な顔をされます。子供が生まれると，夫婦の間で交わされる呼称も子供の視点からのものに変わります。たとえば，夫は自分の妻を「花子さん」と呼んでいたのに，子供が生まれると，「おかあさん」と呼ぶようになるのです。同様に，夫を「太郎さん」と呼んでいた妻は，「おとうさん」と呼ぶようになるのです。

　このように，北米の社会では個が基本となっています。一方，日本では，家族という共同体が行動の基本となっていることが多く，この共同体に所属するかしないかにより「ウチ」と「ソト」が区別されます。

　一般的に，北米の，特に郊外の一戸建ての家は隣との間に遮蔽物はありませんが，日本では壁や垣根で囲われている家を多く見かけます。外壁や垣根は「ウチ」と「ソト」を隔てるものとして機能しています。実際，家は「ウチ」とも言います。日本の家に入ると，玄関があり，そこで靴を脱ぎ中に入ります。伝統的な日本家屋では，家の中に入ると，畳の部屋があります。座って使うので座敷と呼ばれ，各座敷は襖で仕切られています。襖はドアとは異なり，鍵もなく遮音効果も低いので隣にいる人の声もよく聞こえます。つまり，いったん家に入ってしまうと，共同体としての家族が共有する「ウチ」の空間が広がり，プライバシーを守る工夫はありません。

　しかし，近年では洋式の部屋が作られるようになり，ドアには鍵が付けられようになり，家の構造にも変化が見られるようになってきました。また，これまでソトで飼われていた犬は，ペットして「ワンちゃん」と呼ばれるようになり，ウチの中に入り家族の一員になってきました。ウチとソトの区別は，かつてほど明確ではなくなってきたのかもしれません。このように，ペットを含めて，日本における家族のあり方が変化し，それが住まいにも反映されていると考えられます。

第2部 言語コミュニケーションを考える

第2章
言語コミュニケーション（1）
語（句）のレベル

2.1　コミュニケーションとは

　1.1において，「異文化コミュニケーション」という言葉は，（1）「文化（的背景）を」（2）「異にする」（3）「存在（人々）同士の」（4）「コミュニケーション」と分解することができると説明しました。ここでは，（4）の「コミュニケーション」について考えていきます。

　コミュニケーションにはさまざまな定義がありますが，東山（2020）は，人と人とのコミュニケーションは「伝え合い」であり，「お互いがそれぞれの考えや気持ちをやりとりし，お互いを理解しようとすること」であり，さらに，「コミュニケーションとは，言葉と言葉によらない伝達手段が一体化しながら補い合い，それぞれの得意とするメッセージ伝達を行う活動」であると述べています（p. 15）。そこで，この章では，まず言語による伝達手段を考えていきましょう。

2.2　言語によるコミュニケーション

　異文化コミュニケーションの立場から日本語と英語を比較すると，両者が

対応している場合はコミュニケーションは支障なく行われますが，両者の間に差異が認められた場合にはトラブルが生じがちです。そこで，日英語の違いを知り，さらにその原因と思われる文化的背景にも目を向けると，日英語による異文化コミュニケーションがより円滑なものになると思われます。

　日本語と英語の比較を行うに際し，言語の単位として小さなものから大きなものへと順番に考えていきたいと思います。そこで，まず，語（句）のレベルから考えてみましょう。

2.3　語（句）のレベル

　日本語と英語の語（句）を比較した場合，2 つの言語で対応しているものと，対応していないものに分けることができます。対応していない場合は，日本文化と英語文化圏の生活様式が反映されていると考えられます。

2.3.1　対応しているもの

　対応しているものとしては，自然界の客観的なものを表す語が挙げられます。たとえば，太陽，月，地球，火星，水星，木星など天体に関する語も対応型で，英語では，それぞれ the sun, the moon, the earth, Mars, Mercury, Jupiter と呼びます。また，方角を示す語も客観的なものです。東は east，西は west，南は south，北は north です。しかし，方角に関しては違いもあり，日本語では東西南北と言いますが，英語では，north, south, east, and west という順序で表現するので注意が必要です。

　興味深いのはいくつかの地名です。日英では，対応はしていても，発音が異なるものがいくつかあります。英語とは異なり，日本語では地名は原語に沿った発音を採用しています。たとえば，日本語でのパリ，ウィーン，フィ

レンツェは，英語では，Paris, Vienna, Florence と表記され，それぞれ，[pǽris]，[viénə]，[flɔ́ːrəns] と発音されます。日本語は原語であるフランス語，ドイツ語，イタリア語に沿った発音となっていますが，英語は原語とは異なるものとなっています。日本では，2022年にウクライナの首都はキエフではなく，ウクライナ語の発音に近いキーウと表記されるようになりました。

　もう一つ興味深い例を挙げましょう。ひげは男性にとって大切な顔の一部分です。ひげをはやす部位により，英語では語彙が異なります。顎ひげは beard，口ひげは mustache（moustache），頬ひげは whiskers と言います。頬は左右２つあるので，whiskers と s をつけて複数形にします。西洋人に比べて日本人はひげにあまり価値を見出していなかったのではないかと，つい考えがちです。しかし，戦国武将は自身の勇ましさや権力を象徴するために，立派なひげを蓄えていました。それでは，日本語ではこうした異なるひげをどのように表現しているかと言うと，異なる漢字で表しているのです。頬ひげは「髯」，口ひげは「髭」，顎ひげは「鬚」となります（中野，2019）。漢字文化圏と非漢字文化圏の違いを表す好事例だと言えます。

2.3.2　対応していないもの

　対応していないものとしては，英語１語に日本語では複数の語が対応しているもの，その反対に日本語１語に英語では複数の語が対応しているものがあり，これらを「複数型」と呼ぶことにします。さらに，日本語と英語では意味にずれが生じているものもあり，これは「不一致型」と呼ぶことにします。

2.3.2.1　複数型

　ここでは，「衣・食・住，その他」に分けて複数型を見ていきましょう。

2.3.2.1.1　衣に関する語

「Wear は日本語で何と言いますか」と問われた場合，どのように答えますか。おそらく「着ている」と答えると思います。しかし，英語の wear はさまざまなものを目的語として取ることができます。表1が示すように，それに対応する日本語はすべてが「着ている」ではありません。

表1　Wear に対応する日本語

英語	日本語
wear a shirt	シャツを着ている
wear jeans	ジーンズを履いている
wear a hat	帽子をかぶっている
wear a scarf	スカーフを巻いている
wear a pendant	ペンダントをつけている
wear glasses	眼鏡をかけている
wear little make-up	薄化粧をしている

英語の目的語に対応して，日本語では「履いている」「かぶっている」などさまざまな動詞が使われます。英語の wear の中心的な意味は「身につける」です。一方，日本語では何を，体のどの部位に「つける」かによって表現が異なっています。ちなみに，wear は身につけている状態を表しますが，put on は身につける動作を表します。したがって，動作を表す「シャツを着る」は put on a shirt，「化粧をする」は put on make-up となります。「シャツを脱ぐ」は take off a shirt，そして「化粧を落とす」も take off one's make-up となります。

欧米では基本的に入浴するときと就寝するとき以外は，自分が身につけているものを脱ぐことはありません。身につけているものは帽子から靴まですべて clothing なのです。そのため，靴もコートなどと一緒に closet の中に

収納します。欧米での（男性用の）正式な靴は紐のあるものです。紐により靴は足にぴったりとはまり，すぐには脱げないようになります。かかとの低い紐なしの靴は，loafer と呼ばれます。Loaf とは「ぶらぶらして時を過ごす」という意味で，loafer はカジュアルな普段履きと見なされているのです。

　一方，日本では室内では靴を脱ぐ習慣があるので，靴は玄関の靴箱に収納します。紐で結ぶ靴は，日本の住宅では脱いだり履いたりするのが面倒なので，日本特有の紐の横にファスナーがついている靴があります。また，多くの高校で学校指定の靴となっているのは，カジュアルな loafer です。身に着けるものについては，上半身については以前からあった着物に対応させ「着る」や「羽織る」を用い，下半身については足袋や草履に対応させ「履く」を用いるようになったと考えられます。

2.3.2.1.2　食に関する語

　次に食文化における複数型の語（句）を眺めていきましょう。たとえば，英語の rice は日本語で何と言うでしょうか。「稲」が生育し，脱穀・精米されて「米」となり，「ご飯（米飯）」となります。さらに，洋食で，ご飯茶碗ではなくお皿に盛りつけられたものは「ライス」と呼ばれます。このように，英語の rice は日本語では稲，米，ご飯，ライスと異なる語で対応しています。これは日本ではご飯が主食とされているからです（大井・上村・佐野，2013）。

　これに対して，パンを主食とする欧米では，wheat, barley, rye, oat など種類の異なる麦を表す単語が複数存在します。一方，日本語では独立した単語ではなく，「○麦」という基本形を使って表現します。Wheat は小麦，barley は大麦，rye はライ麦，oat はオート麦と言いますが，日本では小麦以外の麦の種類はあまり知られていません。欧米のレストランでは，サンドウィッチを注文すると，店員さんに "What kind of bread would you like?" と聞かれ，"What kind of bread do you have?" と尋ねると，"We have white, brown, and rye."といった答えが返ってきます。White bread は日本の食パンに当たるもの，brown bread は小麦の外側の皮のふすまと胚芽，胚乳のすべてを製粉した全粒粉を使い，ときには糖蜜などを混ぜて作った茶色のパン，rye bread はライ麦で作られた黒いパンを指します。

　また，皿に関しても，日本語では「○皿」という基本形を用います。その上で，皿の形状に注目し「大皿」，「小皿」，「深皿」という表現で種類を表します。しかし，英語では，大皿は dish あるいは platter，取り分けるための皿は plate，カップの受け皿は saucer という別々の単語を使います。ちなみに日本では伝統的には，皿型ではなく，椀型の食器を用いてきました（石毛，2012）。それは椀型の食器の方が箸でつまみやすいからだと言われています。ご飯を盛る茶碗，みそ汁を注ぐ汁椀は今でも使われています。お椀は和食において大切な器であり，和食のメニューであるお品書きには，澄まし汁のことを「お椀」あるいは「椀もの」と表記してあることがあります。また，木で作られたものは「椀」，陶磁器で作られたものは「碗」，金属で作られたものは「鋺」と，それぞれ素材を異なる部首で表現することもあります。前述のひげと同様に，ここにも，漢字文化圏の特徴を認めることができます。

　さらに，料理の仕方について考えてみましょう。料理にかかわる動詞として思い浮かぶものは何でしょうか。英語には，bake, toast, roast, grill などがありますが，これらの単語の示す内容はすべて「熱を使って焼く」料理法です（大井・上村・佐野，2013）。さらに，各動詞には，表 2 が示すように，「どの食材を」「どの器具を使って」「どのように」焼くのかというその動詞の意味を構成する要素が込められています。

　日本語ではこれらの動詞はすべて「焼く」と表現します。しかし，欧米ではパンや肉を焼いて食べることが食生活の中心であったため，このようにさまざまな種類の動詞が生まれたのです。つまり，ここにも「複数型」が見られます。

表2　料理に関する英語の動詞

動詞	どの食材を	どの器具を使って	どのように
bake	パン，ケーキ，ジャガイモなどを	オーブンで	油を使わずに
toast	パンを	トースターで	きつね色になるようこんがりと
roast	肉などを	オーブンで	時間をかけて
grill	肉，魚などを	焼き網で	直火で

　今度は，先ほどとは逆のパターンを見てみましょう。すなわち，同じ英語の料理動詞に対し，複数の日本語の料理動詞が対応するというものです。このパターンは，英語の boil と steam という水を使って調理する動詞に認められます。たとえば，boil は水を沸騰させて調理することを示す料理動詞ですが，扱う食材により対応する日本語は変わります。boil eggs は「卵を<u>ゆでる</u>」，boil vegetables は「野菜を<u>煮る</u>」，boil rice は「米を<u>炊く</u>」となります。また，steam は水蒸気を使って調理することを指しますが，steam potatoes なら「じゃがいもを<u>ふかす</u>」，steam dumplings は「餃子／焼売を<u>蒸す</u>」となります。これも油や香辛料を使わず，水を使って素材の味を活かすという日本の調理方法を反映したものと言えます。

　一方，欧米では油を使った料理法が主流ですが，こうした料理法を表す英語の動詞には fry があります。Fry という英語は日本でも馴染みのある単語です。アメリカのファーストフードのレストランに行けば French fries があります。ちなみにアメリカでは fried potato とは言いません。イギリスでは chips と言い，fish and chips の chips です。

　Fry という動詞を使う料理と言えば，「目玉焼き」である fried eggs です。ここでも日本語では「焼く」と表現しています。アメリカン・ブレックファストには卵料理が出てきますが，その種類は日本に比べると多種多様です。レストランに行くと，server が，"How would you like your eggs?" と，卵

をどのように調理してほしいのかを尋ねてきます。Fried eggs, すなわち目玉焼きでも片面だけ焼いたものは sunny-side up, 両面焼きの場合は焼き加減の少ない順に, eggs over-easy, eggs over-medium, eggs over-hard となります。その他, 炒り卵は scrambled eggs, ゆで卵は boiled eggs, 溶き卵を焼いたものは omelet（omelette）, 塩と酢を入れたお湯に浸す落とし卵は poached eggs と言われます。レストランで, "How would you like your eggs?" と聞かれたら, "I would like them scrambled, please." というように答えます。日本語ではスクランブル・エッグと言いますが, 英語では scramble された卵, すなわち混ぜ合わされた卵という意味で, 過去分詞を使って scrambled eggs と言います。Fried eggs, boiled eggs, poached eggs も同様に過去分詞を使っています。また eggs と複数にするのは, アメリカでは通常卵は1人2個ずつ料理して食べるからだと言われています。

2.3.2.1.3　住に関する語

　伝統的な日本家屋では, 人々は床や畳の上に座る生活をしてきました。これに対し, 欧米では椅子に座る生活をしてきました。そのため, 欧米にはさまざまな種類の椅子があり, 日本では「椅子」としてまとめられてしまうものも, 英語ではそれぞれの弁別的特徴により個別の呼び名が付けられています（小島, 1991）。

　まず, 居間にあり一人用でない椅子は sofa と呼ばれます。一人掛け用で居間にある椅子のうち, ひじ掛けがあるものは armchair, 脚が揺れるものは rocking chair と呼ばれます。Bench は sofa と同じく一人用ではありませんが, sofa とは異なり戸外に置かれています。カウンター席でよく見かける背もたれとひじ掛けがない腰掛け椅子は stool と呼ばれます。このように, 英語では, 椅子の種類に応じてさまざまな呼び名があるのです。

2.3.2.1.4　その他1：「きょうだい」など親類に関する語

> Q6：「ごきょうだいはいらっしゃいますか」という日本語を英語にす
> るとどうなるでしょうか。

　Q6の答えは，"How many brothers or sisters do you have?" となりま
す。表3が示すように，会話で「きょうだい」といった場合は，兄・弟・姉・
妹の4者を含む兄弟姉妹を指します。英語では男女を区別して brothers or
sisters となります。日本語では「きょうだい」という言葉で兄弟姉妹を含
め，「兄弟姉妹は何人いらっしゃいますか」とは尋ねません（東，1981）。英
語にも男女，年長年少を区別しない sibling という言葉はありますが，これ
は文章語で通常会話では使われません。

　さらに，日本語では「兄がいます」「弟がいます」と言いますが，英語で
はどちらも "I have a brother." です。特に兄弟を区別したいときは，"I have
an older（elder）brother." や "I have a younger（little）brother." と　言
いますが，通常は年齢による区別をせず，単に brother と言います。英語で
は，年齢が重要な弁別的特性にはなっていないからです。姉と妹については，
英語では sister を使います。すなわち，ここでは，英語では brother の1語
に対し，日本語では兄と弟の2語が対応していることになります。Sister に
ついても同様に，日本語では姉と妹の2語に分かれます。

　呼称についても，鈴木（1973）が指摘しているように，日本語では，通常
兄は弟を「次郎」というように名前で呼びますが，弟は兄を「お兄ちゃん」
「あにき」と親族名で呼びます。一方，英語では年齢にかかわらず，きょう
だいの間では，互いを first name で，Tom や John のように呼び合います。
姉妹の間も同様に Mary や Jane と名前で呼び合います。こうした呼称にも，
年齢に対する文化の捉え方の違いが見受けられます。

表 3　「きょうだい」を表す日英対比

きょうだい	兄弟	兄弟	brother	sibling
	姉妹	姉妹	sister	

國廣，1990 を基に作成。

　日本語には，兄弟姉妹以外にも年齢により違いが生まれる親族語がありま
す。「おじ」と呼ばれる人は親の兄弟ですが，兄にあたる人は「伯父」，弟に
あたる人は「叔父」と表記します。「おば」についても同様に，親の姉は「伯
母」，親の妹は「叔母」と漢字を使い分けます。英語では，長幼にかかわら
ず，uncle, aunt です。

　さらに，「いとこ」は，親の兄弟姉妹の子供で，英語では cousin です。一
方，日本語では，自分との年齢の上下関係および性別に応じて漢字による表
記が異なります。年長の男女のいとこはそれぞれ「従兄」「従姉」，年少の場
合は「従弟」「従妹」と表記します。漢字文化圏で同音異義語が多い日本語
の特徴が現れている例と言えます。

2.3.2.1.5　その他 2 ：誤りやすい表現

　日本語では同じ表現が使われるのに対し，英語では分岐して異なる表現が
使われる場合があります。朝尾（1990）は日本人英語学習者が間違えやすい
表現を紹介しています（pp. 170–172）。以下に示した Q 7 は，朝尾を参考に
して作成したものです。（1）～（7）の下線部に相当する英語を考えてみ
ましょう。

Q7：(1)〜(7) の下線部に相当する英語を考えてみましょう。

　　(1) トイレを<u>お借りして</u>いいですか。
　　(2) 美術館への行き方を<u>教えて</u>いただけますか。
　　(3) 私の部屋は<u>狭い</u>です。
　　(4) あの店はいつも<u>客</u>でいっぱいです。
　　(5) テレビを消さないと，赤ちゃんが<u>起きて</u>しまいますよ。
　　(6) 私の<u>趣味</u>は読書をすることです。
　　(7) はじめまして。鈴木花子といいます。<u>お会いできて</u>うれしいです。

---

　(1) の答えは "May I use a bathroom." です。「借りる」を英語にする場合，借りる対象を移動させて使う場合は borrow，移動させない場合は use を用います。当然トイレは動かせませんので，use を使います。お金を払って借りる場合は rent です。

　(2) は "Could you please tell me the way to the museum?" が答えとなります。学校の教科など知識を「教授する」場合は teach を使いますが，ここでは道順を「告げて」ほしいので tell を使います。

　(3) は "My room is small." と言います。幅が「狭い」ときには narrow を用い，面積が「狭い」場合は small となります。「日本は国土が狭い」という場合も，Japan is a small county. / Japan has a small land area. となります。

　(4) の解答は，"The store is full of customers." です。店舗や飲食店にくる「客」は customer，家（自宅）にやってくる「客」やホテルの「客」は guest，弁護士や会計士など専門職の「客」は client となります。

　(5) は，"Turn off the TV, please. Otherwise, the baby will wake up."

となります。立ち上がって「起きる」場合は get up ですが，目が覚めるという意味の「起きる」は wake up です。

（6）は，"My favorite pastime is reading books." となります。Hobby が表す「趣味」は時間をかけて特別に打ち込んできたことを指し，たとえば切手，フィギュアや御朱印の収集，家庭菜園などを指します。暇な時間に楽しむことは pastime と呼ばれ，通常，読書，映画・音楽鑑賞は pastime の部類として扱われます。

（7）は，"Hello, I'm Hanako Suzuki. I'm happy to meet you." となります。「初めて会う」初対面の場合は meet を，通常2回目以降は see を使います。

以上見てきたように，1つの日本語に複数の英語の語（句）が対応し，あるいは逆に1つの英語に複数の日本語の語（句）が対応している場合が多いので，文脈やコンテクストを考慮して，適切な英語の語（句）を選ぶ必要があります。

2.3.2.2　不一致型（ずれがあるもの）

2.3.2.2.1　カタカナ語

次に，日本語と英語の間に意味のずれがある不一致型の語（句）を考えてみましょう。このタイプの典型的なものは，カタカナ語です。

カタカナ語と原語である英語の対応関係を眺めてみた場合，原語の英語に近いものもありますが，両者の間にずれのある場合も多く，そこにはいくつかのパターンがあります。ここでは，小島（1991）および大井・上村・佐野（2013）による分類を踏まえて，これらのパターンについて考えてみましょう。

（1）原語の英語にほぼ近いもの

このパターンに属するカタカナ語は，意味が限定される専門用語に多く見

られます。例としては，オンラインと online，スキャナーと scanner などが挙げられます。このパターンでは，ずれは生じません。

（2）原語の英語と意味は同じでも，発音がずれているもの

たとえば，エネルギーは［énərdʒi］（energy），ウイルスは［váɪ(ə)rəs］（virus），ワクチンは［væksíːn］（vaccine），と発音されます。

（3）原語である英語の最初の部分を切り取ったもの

このパターンに含まれる語は「切り株語」と呼ばれます。英語の television と apartment は，それぞれの冒頭の部分を切り取り「テレビ」「アパート」となっています。

（4）原語である英語の複合語の一部を結合させたもの

このパターンの語は，原語の複合語のそれぞれの部分を切り取り，合成させて作ったものです。たとえば，remote control は「リモコン」，personal computer は「パソコン」，air conditioner は「エアコン」，car navigation system は「カーナビ」，sexual harassment は「セクハラ」となり，これらは4音節のカタカナ語となっています。最近では，smartphone が「スマホ」，credit card が「クレカ」と呼ばれ，3音節のカタカナ語も使われるようになっています。

（5）原語の英語には存在しているが，日本語とは意味が異なるもの

カタカナ語の多くはこのパターンに属しています。日本語の「バイク」はオートバイを指します。しかし，英語の bike は自転車を意味します。日本語のオートバイは，英語では motorcycle と言い，bike は bicycle の省略形です。ちなみに，bi は「2つ」を意味する接頭辞で，自転車には円（cycle）の形をした車輪が2つ付いているので bicycle と言います。

　また，日本語の「マンション」に相当する英語は，apartment house, condominium です。英語の mansion は大邸宅を意味します。

　他の例としては，「ローカル」が挙げられます。日本語では「ローカル」は「田舎の」という意味で使われています。市街地から離れた地域を，一日数本しか運行しないバスを使って移動する「ローカル・バスの旅」というような番組もあります。しかし，英語の local には「田舎の」という意味はなく，「特定の地域の」「現地の」という意味を表します。首都圏は都会ですが，首都圏に限定したニュースは local news です。ご当地名物は local specialty，ご当地グルメは local cuisine です。日本語の「田舎の」に当たる英語は rural となり，その反対語である「都会の」は urban となります。

（6）原語の英語には存在しないもの

　このパターンに属する語は「和製英語」と呼ばれているもので，英語からの借用語と思われがちですが，実は英語としては意味が通じないものです。（5）のパターンに属するものと明確に区別することは難しいのですが，ここでは，英語には存在しない表現に焦点を当てて考えてみましょう。

　かつては，「ナイター」「ゴールデン・タイム」など和製英語はテレビやラジオでも頻繁に使われていました。しかし，最近では原語である night game, prime time という表現を使うようになっています。

　一方，「コスト・ダウン」「ガードマン」「サラリーマン」などはいまだによく耳にする表現です。英語では，それぞれ cost reduction, (security) guard, office worker と言います。

　また，そもそも社会の仕組みが異なるため，日本語に対応する明確な表現が存在しないものもあります。たとえば，給与体系を物価指数との関連で一定の率で引き上げる「ベースアップ」は，日本特有のしくみであり，英語では increase in base pay という表現を使うしかありません（山岸勝榮，2007）。

　さらに興味深いのは，コンピュータ用語は日本語と英語の間にほぼ違いが

ないのに対し，表4が表すように，自動車用語には非常に多くの違いがみられる点です（アデルソン・ゴールドスタイン＆シャピロ〔Adelson-Goldstein & Shapiro〕，2009）。英語圏で車が故障したときは，日英語の違いに気をつけて故障した箇所を説明する必要があります。

表4　自動車に関する日本語と英語

日本語	英語
フロントガラス	windshield（米）/ windscreen（英）
（フロントガラスにある）ワイパー	windshield wipers（米）/ windscreen wipers（英）
ボンネット	hood
ウィンカー	turn signal
サイドミラー	sideview mirror
バックミラー	rearview mirror
ハンドル	steering wheel
コンセント	(power) outlet
クラクション	horn
サイドブレーキ	parking brake / handbrake /emergency brake
ホイールキャップ	hubcap / wheel cover
ガソリンスランド	gas station（米）/ petrol station（英）

Adelson-Goldstein & Shapiro, 2009 を基に作成。

また，平井（2003）は，野球用語も日本語と英語で大きく異なると指摘しています。表5は野球に関する日英語の表現を対応させたものです。

表5　野球に関する日本語と英語

日本語	英語
キャッチボール	catch
トップバッター	leadoff
バックネット	backstop
フォアボール	walk
ランニングホームラン	inside-the-park home run
ゴロ	ground ball
ショート	shortstop
ホームベース	home plate

平井，2003 を基に作成。

　自動車も野球もアメリカ文化を象徴するものです。平井（2003）は，日本人はそれまでになかったものを「寛容に取り入れながら，日本人の感性も大事にしてそれを織り交ぜていくという側面をあわせもつ」と述べています（p. 57）。自動車や野球が日本に導入された当時，英語は今ほど身近なものではなく，「本場の英語」を聞く機会の少なかった人々は，平井の言う「感性」に合わせて，和製英語を作り上げていったのではないでしょうか。また，自動車も野球も大衆に根づき，子供から大人まで多くの人々に受け入れられました。そうしたことも，自動車用語と野球用語が，一部の人々の間で原語のまま専門用語として使われるのではなく，「和製の英語」という形で日本の社会の中に広く浸透し定着していった要因の1つではないかと思われます。ボールが4つ続けば出塁できるという場面を表した「フォアボール」は，まさに的確に感性を使って状況をとらえた和製英語と言えます。日本において多くの自動車用語や野球用語が和製英語として普及していった理由を歴史的背景と絡めてさらに詳しく探ることは，新たな発見につながるかもしれません。

（7）原語が英語ではないもの

　すべてのカタカナ語が英語からの借用語ではありません。たとえば，医師の使う「カルテ」はドイツ語の Karte に由来し，英語では medical record と言います。日本語の「アルバイト」も原語はドイツ語の Albeit です。「アルバイト」は，この語の冒頭ではなく末尾が切り取られ，「バイト」という切り株語にもなっています。また，「アンケート」や「バカンス」はフランス語の enquête, vacance が基となっていて，英語では，それぞれ questionnaire, vacation と言います。

2.3.2.2.2　名詞に付加するもの：助数詞（日本語）

> Q8：「1匹」から始まり，「1尾」，「1枚」，「ひと串」，「ひと切れ」と
> 　　　数えられ方が変わるものは何でしょうか。

　「花子は犬を飼っています」という状況を，英語と日本語ではどのように表すでしょうか。英語では，"Hanako has a dog." あるいは "Hanako has dogs." と表現します。英語では，単数・複数の区別を明確に記します。そのため，1匹飼っているのであれば a dog，2匹以上飼っているのなら dogs となります。

　私たちは，中学校の英語の授業で，名詞の形に応じた適切な複数形をつくるためのさまざまな「言語上の規則」を学びます。Cat, box, city, knife, sheep, foot は，複数形になると，cats（s を付加），boxes（es を付加），cities（y を i に変え es を付加），knives（f を v に変え es を付加），sheep（変化なし），feet（不規則）となります。この規則を当てはめ，I have two cats. I need two boxes. Yesterday I bought two knives. というように表現します。

　それでは，先ほどの日本語の文を再度ながめてみましょう。日本語では単数・複数を明確には区別しないので，もし2匹以上猫を飼っていたとしても

「花子は猫たちを飼っています」とは言いません。一方，日本語では「花子
は猫を 2 匹飼っています」とは言います。

　このように，日本語では名詞を数えるときに助数詞を使います。事物は，
主にその形状による性質によって異なる助数詞を用いて数えられます。表 6
はさまざまな助数詞とその助数詞が付加される事物の性質と例を示していま
す。

　G. レイコフ（G. Lakoff）（1993）は，「本」が付くものの典型的なイメージ
は，「細くて長いもの」であると指摘しています。表 6 に示したように，ペン
やバナナは具体的な形があり，その形状は細くて長いものです。一方，電話
での通話，映画の視聴に関しては，そのこと自体には具体的な形がありませ
ん。しかし，スマートフォンでの通話が一般的になった現在では，もはや電
話線は見ることができないものの，かつては細くて長い電話線が電話機には
ついていました。映画も最近はデジタル化されましたが，かつては細くて長
いフィルムを技師が映写することで，観客は映画を観ることができました。
このように，現在では実際に見ることができなくても，私たちの頭の中には，
電話での通話や映画の視聴については，「細くて長いもの」を介して情報を
得るというイメージが残っているのです。さらには，こうした「細くて長い」
イメージをボールの軌道に重ねることによって拡張し，ホームランやサッ

表 6　助数詞の種類

助数詞	性質	数えられるもの
匹	小さな動物	蛙，猫，猿
頭	大きな動物	馬，象，牛
本	細くて長いもの	ペン，バナナ，電話，映画
冊	紙を綴じたもの	本，雑誌
部	紙を綴じていないもの	新聞，パンフレット，プリント
個（つ）	手で持てる小さなもの	りんご，みかん，ケーキ，饅頭

カーのシュートも 1 本，2 本と数えています（松本曜〔Matsumoto Y.〕，1993）。

　飯田（2016）は，英語には，one pen, two pens のように名詞の単数形と複数形があると共に，a pen, the pen というように冠詞の種類によって対象となる pen が不特定のものか，あるいは特定のものかが区別されていることを指摘しています。その上で，飯田は，「日本語の名詞は単・複数形の文法的区別や冠詞もないため，『ペン』と言ったときの情報量が乏しいのです。そこで『どんなものを数えるのか』という情報を持った“助っ人”が必要です。それが助数詞です。」と述べています（p. 122）。

　まとめてみると，英語は文法的な規則により名詞の情報を表しています。それに対して，日本語では多様な助数詞を名詞につけて，その名詞が表すもののイメージを生み出しているのです。「1 本のパン」ならフランスパンのバゲットを，「1 枚のパン」ならスライスされた食パンを，「1 個のパン」ならロールパンをイメージできるのです（飯田，2016）。さらに，英語が明示的であるのに対し，日本語は暗示的であるとも言えます。There are two books on the desk. とは言えますが，There are two on the desk. と名詞が明示されていない文では，文脈がわからなければ「何が」いくつあるのかわかりません。一方，「机の上に 2 冊あります」という文を聞いた場合，何があるのかは明示されていなくても，聞き手は，机の上にあるのは，おそらく本か雑誌だろうと推測することができます。助数詞の「冊」が，本か雑誌を暗示しているわけです。

　では，Q 8 の答えを考えてみましょう。答えはうなぎです。飯田（2016）によると，うなぎは生きているうちは「一匹」，仕入れるときは「一尾」，開くと「一枚」，串を打つと「ひと串」，切り分けると「ひと切れ」と数えられます。加工の過程と共に形が平たく，また小さくなっていくことがわかります。

2.3.2.2.3　名詞に付加するもの：量詞（英語）

　日本語と比べた場合，英語の名詞のもう一つの特徴として，可算名詞と不可算名詞の区別があることが挙げられます。英語の授業で，chair は加算名詞，furniture は chair, table, desk などの異なる種類の家具の総称であり不可算名詞なので，a chair, two chairs とは言えても，a furniture, two furnitures とは言えないと習ったことがあると思います。しかし，日本語母語話者には加算名詞か不可算名詞かの区別がつきにくい名詞もあります。今井（2021）は，そうした名詞の例として，evidence を挙げています。日本語では，証拠は 1 つ，2 つと数えられるので，evidence は可算名詞と思いがちですが，実は不可算名詞なのです。

　不可算名詞は「自身で数える単位をもたない」ので，「量詞によって数える単位を明示」することになります（今井，2021, p. 31）。Coffee, bread, water は不可算名詞なので，a cup of coffee, a slice of bread, a bottle of water というように量詞をつけて数えます。先ほどの furniture や evidence には，a piece of furniture, a piece of evidence という量詞を使って数えます。

　英語と日本語の違いは，英語の量詞は不可算名詞のみに付加されますが，日本語の助数詞は，数えられるものにも数えられないものにも使われるということです。そのため，2 本のペン（数えられる名詞），1 杯の紅茶（数えられない名詞）などと表現することができます。なお，英語では，可算名詞である pen が複数になった場合 pens となりました。不可算名詞の場合は，two cups of coffee, three slices of bread というように量詞が複数形に変化することになります。不可算名詞自身は数えられなくても，量詞で単複の違いを表しているのです。

2.3.2.2.4　日本語の呼称：自称詞と対称詞

Q9：次の（1）～（6）の空所にはどのような呼称が入りますか。あなたの名前は加藤太郎だとします。

「牛乳は（　　　）が買っておくよ／おきます。」
（1）父である加藤大介に向かって：
（2）姉である加藤洋子に向かって：
（3）弟である加藤進に対して：
（4）娘である加藤桃子に対して：
（5）上司の部長である鈴木義男に対して：
（6）部下である伊藤康太に対して：

Q10：次の（7）～（12）の空所にはどのような呼称が入りますか。あなたの名前は加藤太郎だとします。

「これ，（　　　）の本だよね／本ですよね。」
（7）父である加藤大介に向かって：
（8）姉である加藤洋子に向かって：
（9）弟である加藤進に対して：
（10）娘である加藤桃子に対して：
（11）上司の部長である鈴木義男に対して：
（12）部下である伊藤康太に対して：

　呼称には2種類あり，自分を指す呼称を「自称詞」，相手を指す呼称を「対称詞」と呼びます。ここでは，鈴木（2019）の論考を基に，日本語における自称詞と対称詞の使い分けについて考えてみましょう。

（1）自称詞

　まず自称詞について考えてみます。鈴木（2019）は，親族内では話者である自分より年長の者に対しては，自称詞としては，原則として「私，僕，あたし，俺」など一人称代名詞を使うと論じています。したがって，Q9の（1）〜（2）にはそれぞれ「僕，俺」が入ったことと思います。これに対し，自分より年少の者に対しては，同じく一人称代名詞を使うか，あるいは親族の中での役割を示す親族名称を使います。そのため，Q9の（3）と（4）には，「僕，俺」の他，（3）には弟から見た話者の立場を示す「お兄ちゃん」，（4）には娘から見た話者の立場を表す「お父さん，パパ」などが入ります。Q9において，あなたの名前が加藤花子だとしたら（1）〜（4）には，それぞれ「わたし，あたし」が入ります。（3）には「お姉ちゃん」も使われます。この親族名称の使用は，話者が聞き手から見た自分の立場を想定し，自分の視点を移動することによるものであり，この特徴を言語学では「共感」と呼んでいます。

　この原理が社会に拡張されると，目上や上司に対しては，自分を指す場合一人称代名詞を使います。したがって（5）には「私」が入ります。同等あるいは目下や部下に対しても「私，あたし，僕，俺」を使います。したがって（6）には「私，僕，俺」が入ります。

　しかし，ときには役職名を使うことがあります。たとえば，幼稚園や小学校では，先生は園児や生徒に向かって，役職名を使って「先生はね」と自分のことを言ったり，また警察官は迷子に対し，「大丈夫だよ。お巡りさんがおうちに連れていってあげるよ。」と言ったりします。いずれも，自分の視点を園児や小学生，迷子の視点に移し，そこから見た自分の立場を想定してなされる発言であり，ここでも共感の原理が働いています。

（2）対称詞

　次に，親族内の対称詞について考えてみましょう。Q10の（7）と（8）

には，それぞれ「お父さん，おやじ」，「お姉さん，あねき」などが入ったことと思います。すなわち，親族内の目上の者を指す場合は，原則として親族名称を使うという原理が働いているのです。目上の人には「大介さん」「花子さん」など名前は使えず，「あなた」，「君」，「おまえ」といった二人称代名詞も使いません。一方，同等である妻や目下の者に対しては，二人称代名詞，あるいは名前を使って呼びます。そのため，Q10 の（9）の弟には「おまえ」や「進」，（10）の娘には「おまえ」や「桃子」という呼称を使います。これらの人々に対して，親族名称を使って「妻」「弟」「娘」と呼びかけることはできません。

　さらに，自称詞と同様に，社会にこの原理が拡張されると，上司に対しては役職名を使って呼びかけ，名前のみ，あるいは二人称代名詞を使うことはできません。そのため，（11）には「部長，鈴木部長」は入りますが，「鈴木」や「君，あなた」は入りません。一方，同等あるいは部下に対しては，名前や二人称代名詞で呼ぶことができます。したがって，（12）には名前を使った「伊藤さん，伊藤君」や，二人称代名詞である「君」を入れることができます。しかし，役職名を使って「平社員」などという対称詞を使うことはできません。

　さらに鈴木（2019）は，日本語の呼称には視点の移動による「虚構的用法」があると述べています。たとえば，迷子になっている小さな子供に対して「どうしたの。僕はどこから来たの。」と大人が語りかけることがあります。この場合，話者は小さな子に視点を同一化させ，「僕」という一人称を使っているとみなされます。また，お母さんが兄であるあなたに，あなたの弟の弘の宿題を手伝ってほしいと思ったとします。その場合，お母さんは，あなたに「おにいちゃん，弘の宿題を手伝ってあげて」と言うことができます。あなたはお母さんにとって兄ではなく息子ですが，おかあさんは「おにいちゃん」とあなたに呼びかけているのです。この場合，お母さんは，あなたの弟に視点を合わせ，弟から見たあなたは兄であるため，「おにいちゃん」と呼

びかけていると解釈できます。ここでも視点の移動による「共感」が働いているのです。

　このように日本語においては，話者は，目上，目下という立場に合わせて，自称詞と対称詞を使い分けているのです。そして，親族内においても，社会においても，立場は固定しておらず，状況により常に変わりえます。前述のQ10で例に出した弟の進もさらに下の弟ができれば，今度は「おにいちゃん」と呼ばれることになります。

2.3.2.2.5　英語の呼称

　それでは，英語では呼称はどのように使われるのでしょうか。英語においては，自称詞はすべて一人称代名詞の I が使われます。対称詞には，使い分けが少々あります。目上の祖父母，両親に向かっては，Grandpa, Grandma, Dad, Mom が使われます。しかし，兄弟姉妹については，原則として年齢による区別はなく，名前で呼び合います。そして，すべての親族に対して，二人称代名詞である you を使うことができます。

　親族以外に対しても，自称詞は常に一人称代名詞の I を使います。対称詞に関しては，社会的身分にかかわらず，通常初対面あるいは親しい関係でない場合は，「敬称＋family name（姓）」を使って，Mr. Smith, Miss Jones, Dr. White というように呼びかけます。相手が "Call me Tom." というように given name（名）で呼ぶように告げてくれれば，given name で呼ぶことができます。

　また，親族にも，親族以外にも，二人称代名詞を使って，相手のことを指すことができます。そのため，"Where do you live? " と尋ねることができます。一方日本語では，相手が目の前にいる場合「あなた」という二人称代名詞は通常使われず，「あなたはどこにお住まいですか」という表現は，翻訳調に聞こえます。また，目上の人に「あなた」は使えません。英語のように文法的に主語が必要な言語を母語とする日本語学習者は，先生に対して「あ

なた」と言ってしまうことがよくあります。また逆に，日本人英語学習者が，田中先生に呼びかける場合，Mr. /Ms. Tanaka と言わず，"Teacher!" と言ってしまうという場面を見かけることがあります（朝尾，1990）。

　さて，これまで語（句）のレベルで日本語と英語を比較してきました。不一致型の中には，日本語に特に多くみられるさまざまなオノマトペも含まれています。しかし，文あるいは文章において，オノマトペは特定の動詞との組み合わせにより特徴的に使われることが多いので，3.3 で扱うことにします。

第 **3** 章
言語コミュニケーション（2）
文のレベル

この章では，日本語と英語を文のレベルから考えてみましょう。

3.1　日本語と英語の文型

3.1.1　「ナル言語」と「スル言語」

Q11：次の（1）と（2）の英文を日本語にすると，どのようになります
　　　か。また，（3）と（4）の日本語の文を英語にすると，どの
　　　ようになりますか。

（1）I will marry Jiro in June.
（2）I am listening to you.
（3）あの学校には教室が20あります。
（4）この新幹線に乗れば，仙台に行けますよ。

　まず，Q11の（1）はどのように解答したでしょうか。「（私は）6月に次
郎さんと結婚します」としたでしょうか。もちろんこれでも正しい日本語で

す。しかし，テレビによる放送などの公の場で芸能人が結婚を発表するよう
なときは，「(私は) 6月に次郎さんと結婚することに<u>なりました</u>」と表現す
る方が自然ではないでしょうか。離婚するときも同様に，「この度，次郎さ
んと離婚することになりました」という表現を使うことがあります。

　池上 (1981) は日本語を「ナル言語」，英語を「スル言語」として特徴づ
けました。結婚や離婚は本人の意志が強く反映される行為です。それにも関
わらず，日本語では「〜結婚することになりました」というように，「あた
かも結婚する状況に自然となりました」と表現するのです。この「〜なる」
は，日本語ではよく使われる表現です。たとえば，「あなたはすぐに新しい
先生が好きに<u>なる</u>でしょう」という日本語を英訳する際，"You will like the
new teacher soon." では言い足りないと感じてしまいます。そして，「なる」
を何とか訳出しようとして "You will <u>become to</u> like the new teacher soon."
という奇妙な英文にしてしまうことがあります。

3.1.2　コトとヒト

　それでは，Q11 の (2) はどのような日本語になったでしょうか。「(私は)
あなたを聴いています」では不自然です。より的確な訳文は，「(私は) <u>あな
たの言っていること</u>を聴いていますよ」となります。このように，英語ではヒ
トに注目して表現するのに対し，日本語では人が行っている「コト」に焦点
が当てられています。

　先に，"I will marry Jiro in June." は「(私は) 6月に次郎さんと結婚す
る<u>こと</u>になりました」という日本語になることを説明しました (ちなみに，
この文でも，「日本語に<u>なること</u>を」という表現が使われています)。日本語
では，人に焦点を当てず，「コト」として名詞化して，そのコトが自然と発
生するように「ナル」状況を描写するのです。

3.1.3　「ある」（存在）と have（所有）

　次に，（3）について考えてみましょう。（3）に対しては2通りの答え方
があります。1つ目は，There are 20 classrooms in this school. ではないで
しょうか。日本語では，「存在」を表現する際，ものの場合は「ある」，人の
場合は「いる」を使います。「〜がある，いる」を表すには there 構文を使
おう，と頭に浮かんでくるので，There are 20 classrooms in this school. と
いう英文になるわけです。学校文法では，There 構文には主語（S）である
20 classrooms と，動詞（V）である are しかないので，第1文型（SV）と
みなされています。

　2つ目の解答は，This school has 20 classrooms. です。この場合は，主語
（S）が this school，動詞（V）が has，目的語（O）が20 classrooms である
第3文型です。英語では，この第3文型によって作られる文が多数を占めま
す。

　また，日本語の「ある，いる」を使った表現と英語の have を用いた表現
が対応することから，國廣（1974）は日本語と英語の特徴を，それぞれ「状
況」中心と「人間」中心と捉えました。また安藤（1986）は，日本語が「ア
ル言語（be-language）」であるのに対し，英語は「持ツ言語（have-language）
であるとして対比しました。同じく，大井（2014）は日本語が「存在」に焦
点を当てるのに対し，英語は「所有」に着目すると述べています。たとえば，
日本語で「今やるべきことが沢山あります」という「状況」を説明する場合，
英語では，「人間」である we を主語に立て，「所有」を表す have を使って
We have a lot of things to do. と表現します。同様に，日本語では「質問は
ありますか」と尋ねますが，英語では主語に you，動詞に have を使って，
"Do you have any questions?" と聞きます。

3.1.4　動作主の不在と動作主の明示

　最後に（4）の日本語の文を英文にしてみましょう。この場合も，2 通りの答え方があります。1 つ目は If you take this bullet train, you can go to Sendai. あるいは，You can go to Sendai on this bullet train. です。ここでは，主節の動詞 go は自動詞で，SV の第 1 構文となっています。日本語話者が最初に思いつくのは，このパターンの英文ではないでしょうか。2 つ目の解答は，This bullet train will take you to Sendai. です。この英文は，this bullet train を無生物主語（S）として立て，you を目的語（O）とした他動詞 take（V）を使っており，SVO から成る第 3 文型となっています。ここでも，日本語的な SV 構文と英語的な SVO 構文の対比が見られます。

　筆者は以前，日本人大学生を対象に，日本語の 3 つの文を英語にするという問題を出し，学生の解答の傾向を調べたことがあります。日本語の文は小島（1991）を参考にして作成しました。

（1）この電車に乗れば，新宿に行けます。

（2）この薬を飲めば，頭痛は治ります。

（3）（医者が患者に）今日はどうしたのですか。

これらの問題には，以下の 2 通りの解答が考えられます。

（1）a. If you take this train, you can go to Shinjuku.

　　　b. This train will take you to Shinjuku.

（2）a. If you take this medicine, you can recover from your headache.

　　　b. This medicine will cure your headache.

（3）a. Why did you come here today?

　　　b. What brought you here today?

　（1）から（3）のaとbはいずれも文法的には正しい英文です。しかし，学生の解答には明らかな傾向が認められました。学生たちの書いた英文の多くは，3問すべてにわたって，bよりaのパターンを使ったものでした。

　小島（1991）は，発想を「考えが表現として形をとってゆくプロセス」と定義し，同じ意味を表すには複数の表現が可能ですが，言語が異なるごとに発想には相違があり，「何を主語にし，どういう構文をとるかという発想」に違いがあると主張しています（pp. 189-190）。小島は，英語の「典型的な文構造は，主語＋動詞＋目的語（S＋V＋O）」であると述べています（p. 193）。この文構造では，主語に当たるのは「主体」である動作主（agent）であり，目的語に位置するのは動作主の行為を受ける「客体」としての受動者（patient）です。そして，その動作主の行為を表す動詞は他動詞です。つまり，英語の文は，主体と客体を明確に示し，主体が客体に何等かの働きかけを行うことを表していると言えます。

　そのため，（1)bは主体である this train が客体である you に働きかけ，新宿まで連れていくという行為を表しているのです。同様に，（2)bでは，this medicine が主体となり，客体である your headache に作用を及ぼし頭痛を治すのです。（3)bでは，「何か（what）」が主体としての動作主となり，客体である you を医者のもとに連れてきたという発想による表現となっています。

　上記の（1）〜（3）におけるbの主体は無生物主語で表されています。このような無生物主語を主体として表現するという発想は，日本語には従来ありませんでした。（3)bの英文を日本語にすると「何があなたをここに連れてきたのですか」となり，極めて翻訳調に聞こえてしまいます。日本語では，元来動きの主体は生物でした。その生物の動きも，客体に積極的に働きかけ，影響を与えるというようなものではなく，3.1.1で論じたように，自然とある状態が発生するという状況を表していると言えます。そのため，日本人大学生は，無生物主語を使って主体と客体を明示するという英語的発想

による表現は頭に浮かばなかったのではないかと思われます。

　また，前述（p. 60）の（1）〜（3）の日本語の文は，どれも主体，つまり「誰が」を明示していません。小島（1991）は，こうした文は「動作主不在」の表現であり，「消極的表現」であると指摘しています。このような日本語的な発想により，日本人の英語には，無生物主語を動作主として主語とするのではなく，if や when で始まる英文が多いとも述べています。

　英語母語話者の視点から見て，ハインズ（Hinds）（1991）は，英語が主体に焦点を当てた person focus な言語であるのに対し，日本語は状況に依存した situation focus な言語であると指摘し，以下のような例を挙げています。子供がミルクをこぼした状況を見て，英語母語話者は "Oh, no, she spilled the milk." と，she という人物を主語に立て，spill を他動詞として使った表現を用いる傾向にあります。それに対して，日本語母語話者は，「あら，ミルクがこぼれた」というように，主語に人物を立てることを避け，「こぼれる」という自動詞を用いる表現を好む傾向が見られます。

　さらに，渡辺（2004）は日本語と英語の文章を比較し，前者は「時系列」を，後者は「因果律」を基本として書かれていると主張しています。渡辺の主張は文章に焦点を当てたものですが，筆者は，文のレベルにも当てはまるのではないかと考えます。上記の（1）a の解答は，「この電車に乗っていれば，自然と新宿に到着します」という状況の捉え方をし，（2）a も「この薬を飲んでしばらくすれば，頭痛は治ります」という時間の流れを示しています。3 a. も，医者は患者に向かって，ここに来るに至った状況を尋ねています。これに対し，（1）b および（2）b では，それぞれ this train と this medicine が「原因」となり，take you to Shinjuku と cure your headache という「結果」を引き起こしていると捉えることができます。（3）b では，さらにこうした見方が明らかに示されており，what が原因となり，brought you here という結果を導いていると考えることができます。

3.1.5　プロポーズの言葉

　ここではプロポーズの言葉について考えてみましょう。英語ではプロポーズをする際，決まった言い方があります。テレビ番組でよく見るように，男性が女性の前でひざまずいて言うときの台詞です。それは，"Will you marry me?" です。この台詞は，他動詞を用い，主体と客体を明示した SVO 構文を使って表現されています。

　これに対し，日本語には英語のように決まった言い方はありません。そこで，歌のタイトルを眺めてみると，「一緒になろうよ」（北龍二），「しあわせになろうよ」（長渕剛），「家族になろうよ」（福山雅治）というタイトルが見つかりました。このタイトルの表現を見てみると，主語，すなわち主体が明示されていまぜんが，プロポーズの言葉であるという文脈を考えれば，「ぼくたち」，「私たち」であることがわかります。さらに，「なる」という動詞も用いられています。プロポーズをするという極めて主体的な行為においても，主体は明記されず，物事が自然に生じるという「ナル言語」による表現が用いられているのです。牧野（1996）は日本語を特徴づけるのは，「自発性」と「共感」であると指摘しています。牧野は，「自発性」を「自然に発生する」という意味で使っています。日本語のプロポーズの言葉には，まさにこの2つの特徴が見出されるのではないかと思われます。

　図4は，このプロポーズの言葉から受けるイメージを図示したものです。図4の（A）のイラストで示した日本語の世界においては，主体と客体が分離せず，「私たち」が同じ時と場所を共有し，同じものを眺めることに幸せを感じています。これに対し，（B）のイラストによる英語の世界では，「私」が「あなた」に，また「あなた」が「私」に，主体と客体としてお互いに働きかけ見つめ合うことに幸せを感じていると言えます。このような違いが，欧米ではアイ・コンタクトを重視し，日本ではそれを苦手とする人が多いとい

うことにもつながるのではないかと推察されます。このイメージの違いについては，後に非言語コミュニケーションについて論じるときにも触れます。

図4　日本語の世界と英語の世界

（A）日本語の世界　　　　　　　　　　（B）英語の世界

3.2　受け身

　英語では，受動態はどのように作られるでしょうか。学校の英語の授業では，能動態の文における目的語を主語にして，次に「be 動詞＋過去分詞」をつなげ，能動態の文の主語を必要であれば by を付加して後ろに移動させると習います。たとえば，My sister designed this dress. という能動態の文を受動態にすると，This dress was designed by my sister. となります。

　先に，英語の基本的な構文は「主語＋動詞＋目的語」から成る SVO 構文であることを説明しました。英語で受動態になることのできる文はこの SVO 構文であり，自動詞から成る SV 構文は受動態にすることはできません。

　英語の初期の学習者は，「赤ちゃんに泣かれた」という意味を表したい場

合，泣かれたのは「私」なので，Iを主語にしたI was cried by the baby.という英文を作りがちです。しかし，cry は他動詞ではなく，自動詞です。そのため，I was cried by the baby.という英文は非文となってしまいます。

　一方，「赤ちゃんに泣かれた」という文は日本語として適切です。こうした構文は，「被害の受身文」，あるいは「間接受動文」と呼ばれ，主語には生物，動詞には自動詞が使われます。この構文では，その名の通り，主語である話者の「被害」にあった気持ちが表されています。「赤ちゃんに泣かれた」と言えば，「赤ちゃんが泣き出し，どんなになだめても泣き止まず，私は途方にくれてしまった」という話者の困った気持ちを表しているのです。

　被害の受身文は，英語にはないので英訳するには意訳が必要となります。小島（1991）は，「赤ちゃんに泣かれた」は，"I couldn't lull the crying baby and I didn't know what to do." あるいは "I didn't know what to do because I couldn't stop the baby from crying." と意訳できるとしています（pp. 176-177）。いずれの英文においても，"I didn't know what to do" と表現せずには，日本語の「泣かれた」という文の意味を反映することができません。小島は，同様に「次郎は妻に先立たれた」を例に挙げ，英語では "Jiro's wife died and he was left behind." と英訳しています（p. 176）。「先立たれた」という表現には次郎が妻を失った悲しみが込められています。Jiro's wife died だけでは，次郎の妻が亡くなったことだけを事実として伝えているだけで，この次郎の気持ちを表すことはできません。そこで，and he was left behind という部分を付け足すことによって，次郎の悲しい気持ちを表現しているのです。このように，日本語の被害の受身文には，困惑や悲しみといった心情を表現する方法が文法的に構文に組み込まれていると言えます。この点において，英語は事実を重視した論理志向であるのに対し，日本語は心情を重視した感性志向の言語と言えるかもしれません。

3.3　オノマトペを使った文

3.3.1　オノマトペとは

Q12：次の下線部は，人やものの何を表現していますか。

（1）雨が<u>ピチャピチャ</u>と降ってきました。
（2）犬が<u>ワンワン</u>と鳴いています。
（3）風が<u>すっ</u>と吹き抜けていきました。
（4）おばあさんが<u>よろよろ</u>と歩いています。
（5）私は好きな人の前ではいつも<u>ドキドキ</u>して緊張してしまいます。

　Q12 の（1）と（2）は音を模したもので擬音語と呼ばれ，（3）と（4）はものや人の状態を表したもので擬態語と呼ばれます。擬音語と擬態語は合わせて通常「オノマトペ」と総称されます。

　さらに，金田一（1978）によれば，擬音語は 2 種類に，擬態語は 3 種類に下位分類されます。擬音語の中には，無生物による音を表したものと動物や人の声を写したものあり，後者は擬声語と呼ばれます。すなわち，（1）の「ピチャピチャ」は無生物である雨の音を模した表現で擬音語ですが，（2）の「ワンワン」は犬の鳴き声を表した擬声語です。（3）の「すっ」は無生物の動きや様子を表した擬態語です。（4）の「よろよろ」は生物である人間の動きを表しており擬容語と呼ばれます。最後に，（5）の「ドキドキ」は，人の気持ちや心情を表現しており，擬情語と呼ばれます。ここでは，基本的な擬音語，擬態語という 2 種類の用語を用い，必要に応じてその他の用

語を使っていきたいと思います。

　オノマトペは，古代ギリシャ語起源のフランス語である onomatopée が語源であり，onoma は「名前」，pée は「作る」を意味します（秋田，2020a）。英語では onomatopoeia と言います。Onomatopoeia は，本来擬音語のみを指し，日本語学では擬態語は mimetic words と呼ばれています（呂，2004）。Mimetic とは，「人や物の行動（動き）あるいは外見を模倣する」という意味です（小倉，2016，p. 25）。したがって，本来，英語の onomatopoeia には擬態語は含まれないのですが，現在英語でも日本語でも擬音語，擬態語の両者をまとめてオノマトペと呼ぶのが慣例となっています（小倉，2016）。

3.3.2　オノマトペの捉え方

　しばしば他の言語に比べて，日本語にはオノマトペが多いと言われています。小野（2009）は，オノマトペは日本語の「へそ」，つまり「根源である」と述べています（p. 11）。実際，童謡や絵本には数多くのオノマトペが使われています（葛西，2012）。さらに，漫画はオノマトペの宝庫とも言え，子供向けの漫画から大人向けのものまでさまざまなオノマトペが使われています（夏目，2013）。

　しかし，オノマトペの数が多い言語は世界のさまざまな地域に見られ，西アフリカのニジェール＝コンゴ語族に特に多く見られ，その他バスク語や朝鮮・韓国語にも存在しています（秋田，2019）。しかし，英語を含む欧米諸語と日本語に限定してみると，やはり日本語の方が通常，その数は多いと言われています。そのため，オノマトペは「未発展の地域」で話されているという仮説が立てられ（秋田，2020a），印欧語族を話す人々からは「幼稚」で「原始的」であるという捉え方をされる傾向も見られます（秋田，2019）。

　これに対し，小倉（2016）は，従来から言われてきた「英語をはじめ他の言語に比べて日本語には圧倒的にオノマトペの数が多い」という主張に疑問

を抱き，新たな視点から英語と日本語のオノマトペを比較する試みを行って
います。以下，秋田（2022b）および田村・スコウラップ（Schourup）（1999）
の音象徴に関する指摘を眺めた後，小倉の議論を踏まえて，日本語と英語の
オノマトペを比較していきたいと思います。

3.3.3　音象徴

　秋田（2020b）は，「特定の音が特定のイメージと結びつく現象」を「音
象徴（sound symbolism）」と呼び，「オノマトペは，音象徴を用いることで，
物事を生き生きと写実的に描写する」と述べています（p. 194）。音象徴は，
どの言語の母語話者も持っている感覚です。

　田村・スコウラップ（1999）は，これまでマルシャン（Marchand, 1969）
らによって英語特有の音象徴とされてきた語頭子音群の例を紹介しています。
たとえば，/fl-/ は素早い動きを表し，flick, flit, flash, fling などに見られます。
/gl-/ は，視覚や輝きに関係し，glance, glimpse, glossary, glow などの語頭
に認められます。また，呂（2004）は，接尾子音群の /-ash/ は突然の強い打
撃を，/-ump/ は，落下や衝撃を表すとしています。前者の例は crash, smash,
bash に，後者は thump, bump, dump, slump に見られるとしています。

　しかし，田村・スコウラップ（1999）は，これまで英語特有の音象徴を表
すものとされてきたものも，音韻上の性質を考慮すると，ある程度日本語と
の対応も認められるのではないかと述べています。前述の /fl-/ における［f］
は日本語の［h］に，［l］は日本語のはじき音の［r］に対応するのであろう
と主張しています。その上で，英語の flick は日本語の hira-hira, flit は hara-
hara に対応しているのではないかと述べています。

　このように，音象徴にはある程度の普遍性があるということは言えそうで
すが，それでは，日本語と英語ではどのような点が異なっているのでしょう
か。それを論じる前に，オノマトペには 2 つの種類があるという小倉（2016）

の考えは注目に値しますので，以下に見ていきましょう。

3.3.4　オノマトペの分類

　小倉（2016）は，オノマトペを「オノマトペ A」と「オノマトペ B」に大別しています。

　オノマトペ A は，音や形態が明確に残っており，オノマトペとして判別するのが容易であるものです。日本語の「ワンワン」や「ニャー」など，英語の bow-wow，mew などが挙げられます。一方，「オノマトペ B」は，「語感」として語の中に含まれているので，オノマトペとして判別しにくいものです。日本語の「吹く」，「轟く」や英語の crash，bang などが含まれます。

　このようにオノマトペを 2 種類に分けてみると，日本語と英語のオノマトペの違いが見えてきます。小倉（2016）は，日本語には A タイプのオノマトペが多く，英語には B タイプのオノマトペが多いと主張しているのです。他言語に比べて日本語にはオノマトペが多いという従来の考え方は，オノマトペ A に注目して導き出されたものと考えることができます。

　田村・スコウラップ（1999）が日英語で対応している例として取り上げた英語の flick と flit はオノマトペ B に，日本語の hira-hira と hara-hara はオノマトペ A に分類することができます。また，オノマトペ B の例として挙げた英語の crash，bang は，それぞれ日本語では，「ガチャン」「バタン」と表現され，これらの日本語はオノマトペ A に分類されます。

　このように 2 種類に分けることにより，日英語のオノマトペの特徴が明らかになってきます。

3.3.5　オノマトペの表現の仕方

　まず擬声語について考えてみましょう。中学校の英語の教科書でも，動物

の鳴き声を示す英語の擬声語は取り上げられています（望月他，2012）。た
とえば，日本語では，猫は「ニャー」，豚は「ブーブー」，羊は「メー」と鳴
きますが，英語では，それぞれ mew，oink，baa と鳴きます。飯島（2004）
は，猫の鳴き声について，それでは，「ニャー」イコール mew なのかとい
う問いを投げかけています。飯島は，自身の著書の『日本の猫は副詞で鳴く、
イギリスの猫は動詞で鳴く』というタイトルが示すように，擬音語は日本語
では「ニャーと」という副詞で「鳴く」を形容するのに対し，英語では動詞
1 語の mew で表現されると指摘しています。飯島によれば，日本語の「今
朝猫がニャーと鳴いた」は，英語では "The cat mewed this morning." と
mew は動詞として使われ，過去を示す語尾変化もしています（pp. 10–11）。
実際，上記の oink，baa は，mew と同じく動詞として使うことができます。
このように，英語の擬音語は動詞として表現されることが基本となっている
のです。

　次に，擬態語を見てみましょう。日本語で人の「よちよち（と）歩く」「歩
く」姿は，さまざまな擬態語を使って表すことができます。たとえば，「よ
ちよち（と）歩く」，「とぼとぼ（と）歩く」，「ふらふら（と）歩く」，「ぶら
ぶら（と）歩く」と表現することができます。これに対応する英語は，それ
ぞれ toddle，plod，stagger，stroll というように動詞で表されます。ここで
も，日本語では「よちよち」をはじめとして，いろいろな擬態語がしばしば
「と」を伴った副詞として「歩く」という動詞を形容していますが，英語で
は toddle のように動詞に，「どのように歩いているか」という様子を表す意
味が込められています。今井（2021）も，英語では「ある特定の様態が動詞
として表されることが非常に多い。これに対して，日本語では，動作の様子
（様態）の情報は動詞の中には」入らず，「必要なら副詞（特に擬態語）で表
現される」と述べています（p. 62）。

　このように，基本的に，擬音語，擬声語，擬態語は日本語では主として「副
詞」で表され，英語では動詞で表されます。秋田（2020a）は，日本語がオ

ノマトペを副詞で表現する一因として，日本語が膠着語であることを挙げています。膠着語とは，「1 つの接辞が 1 つの意味機能を担い，結果として 1 つの語幹……に多くの接辞がつく」言語のことを指します（p. 192）。たとえば，「食べさせられた」という表現では，語幹は「食べ」ですが，それに使役を表す「させ」，受け身を表す「られ」，過去を表す「た」という接辞が次々と付けられています。一方，英語は，1 つの接辞が複数の意味機能を担う融合語であるとされています。たとえば，英語の walks はそれ 1 つで三人称，単数，現在という 3 つの意味機能を担っています。このような言語的な違いから，日本語では，物や人が「どのような」「動き」をしているのかという 2 つの意味を，副詞と動詞がそれぞれ分担して表現しているのに対し，英語では 1 つの動詞が 2 つの意味を担い表現するという相違が生まれたのではないかと思われます。

　このように，「どのような」の部分をそのままの形で副詞として残すことができているので，日本語のオノマトペは A 型が多いということができます。これに対し，小島（1991）は，英語の動詞は，文の中に組み込まれると時制や数などにより語形が変化してしまい，もともと動詞に込められていた擬音語・擬態語の語感が失われてしまうことを指摘しています。このことが英語では，もともとオノマトペとしての特性が潜在的である B 型のオノマトペがさらに認識されづらいものとなってしまうことの原因の 1 つになっているのかもしれません。

　ただし，日本語では「副詞＋動詞」，英語では「動詞」という基本パターン以外のオノマトペも見られます。たとえば，擬態語では，fluffy（ふわふわする），smooth（すべすべする）など，日本語では「〜する」で表現され，対応する英語は形容詞で表される例が多く見られます。また，日本語の「犬がワンワンと鳴いている」は，英語では，The dog says bow-wow. となり，擬声語である bow-wow は名詞となっています。さらに，絵本や漫画で使われる日本語のオノマトペは，文としてではなく，人物の台詞や状況設定の中

で使われており，そこでは多くの場合，「ドキッ」「シーン」のような間投詞
や名詞として使われています。

3.3.6　オノマトペの使われ方

　日本語のオノマトペはさまざまなメディアで使われています。「犬のおま
わりさん」など童謡には，たくさんのオノマトペが見られます（葛西，2012；
窪薗，2019）。その他，絵本，漫画には多くのオノマトペが使われています。
英語においても，子供向けの nursery rhyme（童謡）にはオノマトペが使
われています。

　日本語と英語で異なるのは，日本では児童向けの作品だけではなく，大人
向けの漫画や純文学，そして広告や商品名においても，オノマトペが幅広く
使われているということです。そして，そこで使われているのは先に説明し
た A 型のオノマトペです。B 型のオノマトペを考えれば，英語のさまざま
な作品にも使われています（小倉，2016）。しかし，B 型の場合は，「語感」
として語の中に含まれているので，オノマトペとして認識しにくくなってい
ます。

　日本では，児童文学の作家である宮沢賢治が，作品の中で独創的なオノマ
トペを使ったことは知られており，『風の又三郎』は「どっどど　どどうど
どどうど　どどう」で始まります。宮沢賢治の作品に使われている多くのオ
ノマトペを集め，解説をした『宮沢賢治のオノマトペ集』（栗原・杉田，2019）
も出版されています。しかし，オノマトペの文学における使用は子供向けの
作品だけに見られるわけではありません。小野（2020）は日本のさまざまな
作家がオノマトペを使っている例を数多く挙げています。たとえば，純文学
のノーベル文学賞受賞作家の川端康成は『伊豆の踊子』の中で「ことこと笑
う」という表現を使っています。また，林芙美子，太宰治，坂口安吾は「く
つくつ笑う」という表現を用いています。

　山口（2004）は，大人向けの漫画雑誌『ビッグコミック』に掲載された黒鉄ヒロシによる「赤兵衛」という漫画からの1ページを紹介していますが，そこではほとんどすべてのコマがオノマトペだけで書かれています。

　また，オノマトペがよく使われている場面があります。その1つは広告です。特に，化粧品の広告にはオノマトペが多用されています。たとえば，口紅の広告には「すーっとのびて，ぱっと咲く」（CLINIQUE），「つるりとうるり」（ESTĒE LAUDER）といった表現が見られます。さらには，商品名にもオノマトペが使われています。アイスキャンデーの「ガリガリ君」，お菓子の「ポッキー」などさまざまなお菓子が例として浮かびます。さらには，大塚製薬（2021）は，オノマトペだけを使って，製品である皮膚用治療薬オロナイン軟膏のテレビコマーシャルを作成しています。このコマーシャルにはいくつかの種類がありますが，オノマトペだけでコマーシャルとして成立するという点で，オノマトペが日本語において重要な役割を演じていることを表していると言えます。

　一方，英語を含む印欧語を話す人々にとっては，3.3.4で述べたA型のオノマトペは，自然の音声をそのまま取り入れたものに近い表現であり，幼稚なものと聞こえるようです。ここからは筆者の仮説ですが，英語では，犬の鳴き声であるbow-wowやニワトリの鳴き声であるcock-a-doodle-dooは名詞や間投詞にとどまり動詞化されていません。動詞は言語の基本的な要素であるため，こうしたbow-wowやcock-a-doodle-dooは「言語化」の度合いが低い表現と言えるのではないかと思われます。そのため，特にこのような擬声語に対して，印欧語を話す人々は「幼稚」で「原始的」というイメージを抱いたのではないでしょうか。

　さらに，こうした動詞化されていない英語表現には，車や汽車の音を模したbroom-broomやchoo-chooがあります。日本語にも，それらに対応する日本語の「ブーブー」「シュッシュッ」があります。これらの言葉は，いずれも文中で用いられるのではなく，単独で，幼児に向かって使われるもので

す。すなわち，日本語でもこうした言葉は，オノマトペというよりは，「幼児語」あるいは「赤ちゃん言葉」とされています（窪薗，2019）。このような赤ちゃん言葉に対して抱くイメージをオノマトペ全般に拡大することによって，印欧語を話す人々はオノマトペを幼稚で，原始的と判断しているのかもしれません。牧野（1996）は，印欧語を母語とする日本語学習者は，オノマトペに対して抱く「幼児性」が心理的な妨げとなり，オノマトペの使用を避ける傾向にあると指摘しています。そのことは，オノマトペを幅広く使う日本語でのコミュニケーションにおいて，「強力な武器を欠いていること」につながる恐れがあると述べています（pp. 142-143）。

3.3.7　オノマトペの捉え方に対する違いの原因

　これまで，日英語におけるオノマトペの使い方，そして捉え方に関する違いを見てきましたが，こうした違いを生み出す一因として，小倉（2016）は，日本語と英語を取り巻く文化的な背景に着目しています。

　小倉（2016）によれば，日本では人間は自然と共にあり，日本料理，日本庭園に見られるように「自然のまま素材を活かそう」（p. 30）という感覚につながり，それは，日本文化の「直接性」「具体性」という特徴を生み出しています。これに対し，西洋では，自然の素材を人工的に洗練された形と味に加工した西洋料理や，抽象的な美に整えた西洋式庭園があり，そこには「間接性」や「抽象性」という特徴が認められます。小倉のこの見解は，1.2.5において論じた西欧と日本における自然と人間との関係についての考え方に見られる相違にも通じています。このようなそれぞれの文化の特徴が，オノマトペのあり方や捉え方の違いを生み出した要因となっているのではないかと思われます。

3.3.8　日本語におけるオノマトペ

　日本語においては，オノマトペが広範囲にわたって使われていることがわかりました。そこで，日本語のオノマトペについて，さらに具体的に詳しくその特徴を見ていきたいと思います。

3.3.8.1　漫画

　日本語の漫画には，さまざまなオノマトペが使われています。夏目（1997）は，日本の漫画に使われているオノマトペが外国語になった場合，どのように扱われているかを調べました。すると，（1）対応するオノマトペがあればそれを使う，（2）対応するオノマトペがなければ，日本語のオノマトペをそのまま使う，（3）削除する，（4）説明するという4種類の方法があることが判明しました。

　4種類の方法の中で，特に興味深いのは4つ目の「説明する」という方法です。筆者も，赤松健による漫画である『ラブひな』のバイリンガル版（2001）を対象に，日本語のオノマトペの英訳のされ方を調べたことがあります。その結果，擬態語の中でも心情を表す擬情語の多くが「説明する」という方法で訳出されていることがわかりました。たとえば，「ドーン」はdisappointment，「ドキドキ」はheart beating nervously，「ぐぐぐっ」はconcentrating intenselyと，説明調に英訳されていました。どれも意味はわかりますが，今ひとつ日本語のオノマトペが伝える気持ちを的確に表現しているとは言えないように思えてきます。日本語のオノマトペが登場人物の視点からの表現となっているのに対し，英語の表現が第三者の立場から登場人物を眺めた描写表現となっているように感じるからかもしれません。

　熊澤（2014）は，尾田栄一郎による『ONE PIECE』のバイリンガル版（2004）を対象にして，日本語のオノマトペがどのように英語で表現されているかを

探りました。その結果，英語で表現するには4種類の型があることが判明しました。それらは，以下の表7が示すように，日本語をローマ字化して作られた「日本語派生型」，2種類の語を組み合わせて作られた「複合型」，実在する語を基に作られた「派生型」，漫画の描写に合わせて作られた「描写複合型」でした。

表7　『ONE PIECE』に見られる日本語によるオノマトペの
　　　英語における対応の仕方

型	日本語	英語
日本語派生型	きゃあ	KYAA
複合型	ザザーン	KRSSH（←CRASH＋SPLASH）
派生型	くるくる	WHUP（←WHIP）
描写複合型	がしっ	SWAK

熊澤，2014を基に作成。

　このように多種多様な日本語のオノマトペを英訳するに当たっては，さまざまな手法を駆使して対応している様子がわかります。

3.3.8.2　オノマトペが想起させるもの

Q13：（1）と（2）のオノマトペから何を思い浮かべますか。

　　（1）コツコツ
　　（2）コチコチ

Q14：次の痛みを表すオノマトペは，体のどの部位の痛みを表している
　　　と思いますか。また，どの程度の痛みと感じますか。

　　　ガンガン，ズキンズキン，キリキリ，
　　　ピリピリ，ムズムズ

　苧阪（1999）は，オノマトペがどのようなものやことを想起させるかについて調べました。

　まず，Q13について考えてみましょう。苧阪（1999）は，大学生に「コツコツ」と「コチコチ」から何を思い浮かべるかというアンケート調査を行いました。調査の結果，「コツコツ」からは，回答の多い順に「努力」「足音」「靴」「勉強」などを想起し，「コチコチ」からは「緊張」「時計」「氷」が思い浮かぶということがわかりました。

　この結果を分析すると，まず，「コツコツ」からは，「コツコツと努力して勉強する」というタイプと「コツコツと靴の足音がする」というタイプの連想が生じたことがわかります。前者は「コツコツ」を擬態語（擬容語）として捉え，後者は擬音語として捉えています。「コチコチ」に関しては，「コチコチに緊張する」というように擬情語として，「コチコチと時計が鳴る」というように擬音語として，さらには「水が凍ってコチコチの氷となる」というように擬態語としての3種類に捉えられていることがわかります。

　2.3.2.2.2において，日本語では，「机の上に2冊あります」と言えば，核となる名詞がなくても助数詞だけで数えられているものが本か雑誌であることがわかると説明しましたが，同様のことがオノマトペについても言えるのではないかと思われます。何がどうしたと言わなくても，「コチコチ」と言うだけで，人が緊張している姿，時計が鳴る音，氷が張っている状況がイメージできるのです。

　次にQ14で示した痛みに関するオノマトペについて考えてみましょう。苧阪（1999）の調査では，「ガンガン」は頭，「ズキンズキン」は頭と歯，「キリキリ」はおなか，「ピリピリ」は舌，「ムズムズ」は鼻と背中の痛みや不快感を表すという結果が得られました。確かに医師に「どのように痛いのですか」と尋ねられると，患者である私たちは「ガンガン痛みます」というように答えます。さらに，苧阪の調査では，痛みの程度については，痛みの強い順に，「ガンガン」「ズキンズキン」「キリキリ」「ピリピリ」「ムズムズ」と並ぶこともわかりました。このように，オノマトペだけで，痛みの部位と強さをある程度表すことができるのです。

　この結果は，医療現場に対して重要な示唆を提供していると思われます。小さな子供は，どこが痛いのか，どの程度痛いのかをオノマトペで表現することがあります。医師は子供が使っているオノマトペから痛みの部位と程度を判断する必要があります。また，逆にオノマトペをあまり使わない母語を持つ外国人の患者には，「ガンガン痛いのですか」と尋ねても患者は理解しづらいので，「痛みはとても強いのですか」と客観的に尋ねる必要があります。

　以下に，オノマトペの持つ表現の幅について，苧阪（1999）が提示している3つの文を示します（p.110）。日本人は桜の花を好みますが，その散っていく姿は以下のように表現することができます。

（1）桜の花びらが少しずつ散る。
（2）桜の花びらが小雪のように散る。
（3）桜の花びらがハラハラと散る。

　どの文も同じ桜が散っていく情景を表しています。（1）は客観的にその情景を描写しており，話者の気持ちはこの文には込められていません。（2）は直喩を使って，桜の花びらを小雪に見立てて表現しており，（1）に比べ，

桜の花びらが散る様子を視覚的によりはっきりとイメージしやすいように伝えています。（3）は，桜の散る様子を見ながら話者が感じている寂しさ，わびしさという心情が込められている表現となっています。その理由として，筆者はオノマトペの「ハラハラ」が桜の花びらだけではなく，「ハラハラ」と落ちる涙を想起させるからだと考えています。このように，オノマトペ，中でも擬情語は，その間接性により，さまざまなものを連想させ，意味の幅を広げる表現方法であると言えます。

　一方，こうしたオノマトペのプラスの側面だけではなく，マイナスの側面も付け加えたいと思います。私たちは，しばしば否定的な気持ちもオノマトペを使って表します。いじめにおいてよく使われる表現が「むかつく」です。これは吐き気を感じたときの感覚である「むかむかする」から派生してできた言葉です。オノマトペは感覚的であるために，特に話し言葉において簡単に使うことができます。しかし，「むかつく」と言われた当人は，「吐き気がする」人物であるというレッテルを貼られてしまうのです。また，なぜ不快に思うのかを論理的にわかりやすく説明することができず，「むかつく」という言葉で表現するだけでは，極めて貧困な自己表現と言わざるを得ません。オノマトペの安易な使い方は，自らの表現力を弱め，対人コミュニケーションを阻害し，相手を傷つける危険性があることにも注意しなければなりません。

3.3.8.3　慣用句

　オノマトペは人間の感性に訴える表現方法です。2語以上の単語が結びつき，特別な意味を表す表現を慣用句と呼びますが，慣用句にも感性と結びつく表現が見られます。慣用句の中で，特に多くみられる表現は「気」がつく表現です。「気」のつく慣用句は，表8が示すように，（1）性格や好みを表すもの，（2）意欲や励ましを表すもの，（3）気分や感情を表すもの，（4）心配や心配りを表すもの，（5）注意や不注意を表すものに分類することが

できます（名柄・茅野，1996）。「気」という論理では捉えられない言葉が，さまざまな慣用句となっているのは，日本語が感性に訴える傾向が強いという特性を持っていることを示していると言えます。

表8　「気」のつく慣用句の分類

種類	慣用句の例	
（1）性格や好みを表すもの	気が強い（弱い）	気が荒い
	気が大きい（小さい）	気が長い（短い）
	気難しい	気さく
（2）意欲や励ましを表すもの	気を取り直す	気を張る
	気が向く	気を確かに持つ
（3）気分や感情を表すもの	気を晴らす	気が進む
	気がふさぐ	気おくれする
（4）心配や心配りを表すもの	気をもむ	気が気でない
	気を配る	気を利かす
	気がつく	気にとめる
（5）注意や不注意を表すもの	気をつける	気を取られる
	気を抜く	気を許す

注：名柄・茅野，1996，pp. 56-58を基に作成。
　　名柄・茅野は「その他」として6種類に分けているが，「その他」に挙げられている例を検討すると，いずれも表中の（1）～（5）のいずれかに分類できると考えられる。そのため，ここでは5種類としている。

　また，日本語の慣用句には，体に関する慣用句も多く見られます。人は，身体の五感を通してさまざまな情報を得ています。そのような意味で，体に関する慣用句が多いことも，日本語が感性に訴える特性を有していることに繋がっていると言えるでしょう。表9は体の部位を使った慣用句の例をまとめたものです。

表9　体の部位を使った慣用句

	体の部位	慣用句の例	
（1）	頭に関する表現	頭が上がらない	頭に浮かぶ
（2）	顔に関する表現	顔がきく	顔に泥を塗る
（3）	目に関する表現	目が高い	目をつける
（4）	鼻に関する表現	鼻にかける	鼻もちならない
（5）	耳に関する表現	耳が痛い	耳を澄ます
（6）	口に関する表現	口が軽い	口をきく
（7）	腹に関する表現	腹をたてる	腹黒い

名柄・茅野，1996，pp. 59–61を基に作成。

3.4　授受動詞

Q15：次の空所の中には，「あげた」，「くれた」のうち，どちらが入り
ますか。

（1）私は妻に本を（　　　）。
（2）妻は私の同僚に本を（　　　）。
（3）私の同僚は見知らぬ人に本を（　　　）。
（4）妻は私に本を（　　　）。
（5）私の同僚が妻に本を（　　　）。
（6）見知らぬ人が私の同僚に本を（　　　）。

3.4.1 「あげる」と「くれる」

　モノのやりとりに関わる動詞は授受動詞と呼ばれます。まず，授ける，す
なわち，与える行為に関する動詞を考えてみます。与える行為を表す基本的
な動詞は「あげる」と「くれる」です。日本語母語話者はこの 2 つの動詞を
無意識的に使い分けています。以下，どのようなルールによって，この 2 つ
を使い分けているのかを眺めていきたいと思います。

　牧野（1996）は，日本語の文法には「ウチとソト」という考え方が反映さ
れており，さらに，授受動詞の使い分けには「共感ヒエラルキー」が働いて
いると論じています（p. 70）。

　共感の度合いのヒエラルキーは，ウチに近いほど強く，ソトに向かうほど
弱くなります。まず，話者が最も共感（empathy）を感じるのは自分自身で
す。次いで，身内，親しい友人や同僚の順となり，最も話者が共感しにくい
のは見知らぬ人となります。Q15 に登場している人物は，「私」「妻」「同僚」
「見知らぬ人」ですが，これら 4 人は図 5 が示すように，共感ヒエラルキー
を基にウチとソトを結ぶ連続体上に配置することができます。

　図 5 が表すように，（1）の場合は，本は私から妻へと移動するので，ウ
チからソトへの動きとなります。（2）では妻から同僚へ，（3）では同僚か
ら見知らぬ人へと動き，いずれもウチからソトへの移動です。このように，
ウチからソトへモノが移動する場合，「あげる」が使われます。したがって，
Q15 の（1）〜（3）は，それぞれ「私は妻に本をあげた」「妻は私の同僚
に本をあげた」「私の同僚は見知らぬ人に本をあげた」となります。

　今度は逆の動きについて考えてみましょう。（4）では，本は妻から私に
移動するので，ソトからウチへの動きとなります。同様に，（5）では同僚
から妻に，（6）では見知らぬ人から同僚に，とソトからウチへの動きとな
ります。このようなソトからウチへモノが移動する場合は，「くれる」が使

図5　共感のヒエラルキーによる人物の配置

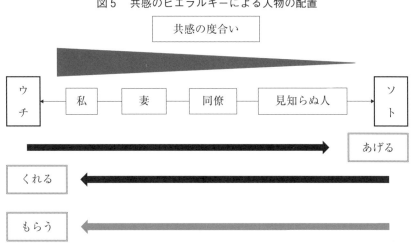

われます。したがって，（4）〜（6）は，「妻は私に本をくれた」「私の同僚が妻に本をくれた」「見知らぬ人が私の同僚に本をくれた」と表現されます。

　ここで重要なのは，「あげる」を使う場合，移動するのはモノだけではないという点です。気持ちも一緒に相手に届けているという意味が込められています。たとえば，「同僚が妻に本をくれた」という場合，同僚が「わざわざ」妻に本をくれたという恩義を表現しています。それは，話者が視点を妻に移動し，あたかも同僚が話者自身に本をくれたように感じるからです。2.3.2.2.4において呼称の使い方を論じたときに，視点を相手に移動させることを「共感」と呼びましたが，ここでもこの共感が作用しているのです。

3.4.2　英語との比較

　「あげる」に関しては，ウチからソトへのモノの移動であり，主語となる与え手がウチ側の人物となるため，与える行為であることが認識しやすく

なっています。一方，「くれる」はソトからウチへモノが移動する場合に使われ，目的語にくる受け手がウチ側の人物となります。そのため，話者はウチ側の受け手に共感しやすくなり，「くれる」は受ける行為であると捉えがちです。しかし，「くれる」は与える行為を表す動詞です。

　このことは，英語と対比するとわかりやすくなります。本が一郎から春子に向けて移動した場合，英語では Ichiro gave a book to Haruko. と表現します。この英語を和訳するとどうなるでしょうか。「一郎が春子に本を与えた」という言い方もできますが，これは翻訳調です。通常は，「一郎は春子に本をあげた」か「一郎は春子に本をくれた」のいずれかの言い方をします。英語では give という動詞が使われていることからも，「あげる」だけではなく，「くれる」も与える行為を示す動詞なのです。

　さらに，興味深いことは，「一郎は春子に本をあげた」と言った場合，「あげる」はウチからソトへの移動を示しているので，話者は一郎に共感していることがわかります。一方，「一郎は春子に本をくれた」と言った場合，ソトからウチへの移動を示しているので，話者は春子に共感していることがわかります。このように，日本語では，話題となっている人物のどちらに，より共感を抱いているのかを示す手段が授受動詞の中に組み込まれているのです。ここにも，苧阪（1999）がオノマトペに対して認めたように，日本語が「感性」を表すことを重視した言語であることを見ることができます。日本語では，（ソトに見える）モノの移動を客観的に記述するだけでなく，話者の内面（ウチ）の主観的な気持ちが「あげる」と「くれる」の使い分けによって表現されています。モノは「わざわざあげる」，「わざわざくれる」という恩義の気持ちが付随して移動していくのです。一方，英語では，話者は give という動詞を使って，モノの移動を自身のソトから客観的に眺めて記述しているという捉え方ができるのではないかと思われます。

3.4.3 「もらう」

　これまでモノを与える行為を表す動詞を見てきました。モノを受け取る行為を表す動詞は「もらう」です。「もらう」は基本的にソトからウチへのモノの移動に限られます。そのため，「私は同僚から本をもらった」とは言えますが，「私の同僚は私から本をもらった」という表現は不自然に聞こえます。

　さらに，牧野（1996）は，「もらう」は「〜から」と「〜に」のいずれかを取ることができますが，そこには違いがあると述べています。牧野によれば，与え手が話者にとってソトに感じる人には「〜から」が，ウチに感じる人には「〜に」を使います。たとえば，「これは妻にもらった誕生日プレゼントです」と言いますが，「これは会社にもらった勤続20年の記念品です」とは言えず，「これは会社からもらった勤続20年の記念品です」と言わなければなりません。ここにもウチとソトに区別が働いていると言えます。

3.4.4 授受動詞と目上・目下

　与える行為は「あげる」と「くれる」，受ける行為は「もらう」で表すのが授受動詞の基本です。それでは，そこに目上・目下という要素が加わった場合，基本形はどのように変化するでしょうか。

Q16：次の空所には，どのような形の授受動詞が入りますか。

（7）昨日，私は先生に本を（　　　　　　　）。

（8）昨日，妻は先生に本を（　　　　　　　）。

（9）昨日，先生は私に本を（　　　　　　　）。

（10）昨日，先生は妻に本を（　　　　　　　）。

（11）昨日，私は先生から本を（　　　　　　）。

（12）昨日，妻は先生から本を（　　　　　　　）。

（13）昨日，私は弟に本を（　　　　　　）。

（14）昨日，私は花に水を（　　　　　　）。

　ここでは「目上」を「地位，階級，家族関係，年齢などの点で，自分より上の人」と定義し，年齢が上の人だけを指す「年上」とは分けて考えたいと思います。したがって，私の先生が，もし私より年下であっても，社会的地位は私より高いので目上と考えてみます。

　Q16の（7）と（8）はウチからソトへのモノの移動を示す与える行為です。（7）では，与える相手は，私にとって目上に当たるので「あげた」ではなく「さしあげた」を使います。（8）では，先生は妻の先生ではありませんが，妻は話者にとってウチの人であるため，「さしあげた」を使います。この場合，話者は妻に視点を移し，つまり共感し，あたかも自分が先生に本を「さしあげた」というように表現するのです。「さしあげる」は漢字で表現すると，「差し上げる」となり，そこからは，まさに両手に載せたモノを上に掲げて，相手に渡しているイメージが湧いてきます。

　（9）と（10）では，本はソトからウチに移動します。（9）では，与え手の先生が私にとって目上なので，「くださった」が入ります。（10）は受け手の妻に共感し，あたかも私が本を受け取るというように表現するため「くだ

さった」を使います。「くださる」も漢字で表すと「下さる」となり，そこには上から下への動きをイメージすることができます。

　（11）と（12）は受ける行為で，本はソトからウチに移動します。（11）では目上の先生から本を「もらった」ではなく，「いただいた」と表現します。（12）でも，話者は妻に視点を移動させ，自分が本を受け取ったように，やはり「いただいた」を使って表現します。

　（13）では，本の受け手が話者の弟で，目下になっています。こうした場合，従来は「やった」が使われてきました。目下の人には「上げる」という上に向かう方向性のある表現は，従来用いられませんでした。女性に比べ，男性には「やる」を使う傾向が見られます。女性は男性にくらべ，言葉遣いに敏感なため，近年では「やる」は粗雑に感じられ，「あげる」を使う傾向が強いようです。特に敬語に見られるように，言葉は使われていくうちにその丁寧さの度合いがすり減っていく性質があり，これは「敬意漸減の法則」と呼ばれます（椎名，2022）。女性は，「やる」という言葉に丁寧さが欠如していると感じ，「あげる」を使うようになったものと思われます。（14）は受け手が人間ではなく，植物である花になっています。このような場合は，女性も「やった」を使う頻度は高くなるようです。これに対し，受け手が動物である犬で，さらにはその犬を家族同様のかわいいペットとして自分と同等と見なしている場合には，「私は犬に餌をやった」ではなく，「あげた」を使う傾向は強まるようです。

3.4.5　授受動詞の補助動詞としての機能

Q17：次の（15）～（21）の空所にはどのような言葉が入りますか。

(15) 妻が指を怪我してメールを書けなかったので，私が代わりにメールを書いて（　　　　　）。

(16) 妻が風邪をひいていると言ったら，私の同僚がわざわざ漢方薬を宅急便で送って（　　　　　）。

(17) 電車の中で気分がひどく悪かったとき，見知らぬ人から席を譲って（　　　　　）。

(18) 恩師を見舞った際，本を読んでほしいということだったので，枕元で本を読んで（　　　　　）。

(19) 遠方にお住まいの恩師が，わざわざ私の結婚式に出席して（　　　　　）。

(20) 卒業記念アルバムに，恩師に一言記念の言葉を書いて（　　　　　）。

(21) 弟に頼まれたので，算数の宿題を見て（　　　　　）。

　これまで，「あげる」「くれる」「もらう」を見てきましたが，これが他の一般動詞に付随して補助動詞として使われる場合を考えてみましょう。この場合は，「わざわざ」というニュアンスが強まり，与え手に対する受け手の恩がより感じられる表現になります。

　Q17 の（15）では，指を怪我した妻に代わって，私は妻のために，わざわざメールを書いて「あげた」場面を表現しています。（16）では，同僚が妻のために，わざわざ漢方薬を送って「くれた」状況を表しています。（17）

では，具合の悪い私を見た見知らぬ人から席を譲って「もらった」話者は，相手に恩を感じています。(18) 〜 (20) においては，相手は目上の恩師です。そのため，(18) には「さしあげた」，(19) には「くださった」，(20) には「いただいた」が入ります。(21) では，目下の弟が相手なので，「やった」あるいは「あげた」が入ります。

　このように，授受動詞は補助動詞として使われる場合も，一般動詞のときと同じように，ウチとソト，そして目上・目下という日本語を取り巻く文化的要因と連動させながら使い分けられていきます。

3.4.6　まとめ

　これまで，さまざまな研究者が日本語と英語を対比し，それぞれの見方を提示してきました。表10は日本語と英語に対するさまざまな見方をまとめたものです。なお，第1章でも述べましたが，こうした対比は絶対的なものとして捉えてしまうとステレオタイプを生み出してしまいます。そのため，あくまで相対的なものであり，「どちらかと言えば，〜である傾向が強い」というように「傾向」を示したものとして捉えることが大切です。相対的な傾向を表したものという見方は，世界のさまざまな言語や文化の多様性に気づき，新たな発見につながります。

　第3章では，文のレベルに焦点を当て，文構造，オノマトペ，授受動詞を取り上げて，日本語と英語を比較してきました。次章では，文章のレベルについて考えていきたいと思います。

表10　日本語と英語の相対的な傾向

日本語	英語	研究者
ナル言語	スル言語	池上（1981）
状況中心	人間中心	國廣（1974）
アル言語 （be-language）	持ツ言語 （have-language）	安藤（1986）
存在	所有	大井（2014）
動作主がしばしば不在 無生物主語の回避	動作主を明示 無生物主語の使用	小島（1991）
situation focus	person focus	ハインズ（1991）
時系列	因果律	渡辺（2004）
間接性，抽象性，	直接性，具体性	小倉（2016）
目上・目下，共感	（平等）	鈴木（1973）
共感	（客観性）	牧野（1996）

注：鈴木（1973），牧野（1996）の英語の特徴については，筆者が
　　それぞれの主張に基づいて記述したものであるため（　）とし
　　て示している。

第4章
言語コミュニケーション（3）
文章のレベル

　ここでは，いくつか異なるジャンルの文章を取り上げて，日本語と英語における表現の仕方を比較してみたいと思います。

4.1　歯医者に行った少年が書いた文章：感動と記録

> Q18：次の（1）と（2）の文章は，どちらも歯医者に行ったときの経験について小学生が書いた作文です。一方は日本で育った子供が書いた作文で，もう一方はイギリスで教育を受けて帰国した子供が書いたものです。2つの文章は，それぞれどちらの子供が書いた作文だと思いますか。なお，後の説明のための便宜上，各文の頭には番号を付しています。

文章（1）

　①ぼくは，きのう歯医者へ行きました。②歯医者についたとき，心臓がドキドキしました。③そして，ついにぼくの番になりました。④歯医者さんは，はじめ，歯を見ました。⑤こんどはペンチみたいなものをもってきて，歯を抜きはじめました。⑥でも，ぼくは痛くもなんともなかっ

たです。⑦ぼくはちょっぴりがんばったと思いました。

文章（2）

　①ぼくには虫歯がありました。②だから歯医者に行って，その歯を抜きました。③抜くとき，それほど痛くはありませんでした。④そして，歯医者さんが，「ハイ，うがいをしなさい」と言ったので，うがいをすると，血が水といっしょに出てきました。⑤それから，まるでねん土のようなものを，歯のかわりにつけました。

　上記の文章は井上（1990）に掲載されていたものですが，谷本（1997）はこれを取り上げ，2つの文章は「英米人と日本人の基本的なものの見方の違い」を反映していると論じています（p. 28）。結論から言うと，文章（1）は日本育ちの子供により書かれたもので，（2）はイギリスからの帰国生により書かれたものです。それでは，2つの文章はどのように異なっているのでしょうか。

　まず，文章（1）を見てみましょう。この作文にはいくつかの特徴が見られます。第1に「きのう」（①の文），「ついたとき」（②），「そして，ついに」（③），「はじめ」（④），「こんどは」（⑤）など時を表す表現が使われていることです。つまり，時系列に話を進めています。さらに，「ドキドキ」（②）という擬情語が使われ，また，歯医者さんが「ペンチみたいなものをもってきて」（⑤）と比喩が使われ，作者の緊張が臨場感を伴って読み手に伝わってきます。そして，最後に，「でも，ぼくは痛くもなんともなかったです」（⑥）や「ぼくはちょっぴりがんばったと思いました」（⑦）という部分に作者である少年の心情が描かれています。つまり，この文章（1）は全体として，時系列に基づいて書かれた頑張った少年の物語となっており，読者の感性に訴える作文となっています。

　それでは，文章（2）を見てみましょう。この作文は「ぼくには虫歯があ

りました」（①）と「だから歯医者に行って，その歯を抜きました」（②）という2つの文から始まっています。①と②の文の間にはどのような関係があるでしょうか。①が原因となり，②が結果を示しており，つまり，因果関係を冒頭で示しているわけです。④においても，「歯医者さんが『ハイ，うがいをしなさい』と言ったので」という原因を示し，「うがいをすると，血が水といっしょに出てきました」という結果を示しています。また，同じく④では，原因を示すにあたり，直接引用を用いて歯医者さんの言った言葉をそのまま記しています。「まるでねん土のようなもの」（⑤）という表現は比喩を使ったものですが，ここでは少年の緊張を表しているのではなく，歯の詰め物を客観的に描写するために使われています。このような客観的な姿勢は，「血が水といっしょに出てきました」（④）という記述にも見られます。すなわち，文章（2）は，全体として，因果関係に基づいて客観的に書かれた歯の治療を記録した作文となっているのです。

　谷本（1997）は，文章（1）は「自分という人間を中心として，もっぱらその気持ちや心の動きを伝えよう」としていると述べています。それに対し，文章（2）は「自分を含めた場のありようそのものを伝えようとし……冷静な観察を思わせる表現」となっていると言えます（p. 27）。文章（1）と（2）を書いた小学生は異なる教育環境で育ちました。日本とイギリスにおける作文教育が，それぞれの作文の構成や表現に影響を与えたものと思われます。次に，日本とアメリカの小学生が書いた作文を見てみましょう。

4.2　4コマ漫画による小学生の作文：時系列と因果律

　渡辺（2004）は，日本人とアメリカ人の小学5，6年生を対象に，4コマ漫画を使って作文を書くという課題を出しました。その際，以下のような指示を与えました。

　けんた君は小学生です。テレビゲームと野球をするのが大好きです。けんた君は野球チームのエースピッチャーで，毎週土曜日の朝早く試合をします。下の絵はけんた君の一日の出来事を描いています。けんた君にとってその日がどんな日だったか書いて下さい。（書く前にまず 4 つの絵をすべて見てから書き始めて下さい。）（渡辺，2004，p. 19）

　なお，アメリカ人の小学生に向けての課題では，主人公の名前は，けんた君ではなく John となっています。上記の指示文の下には，図 6 に示すような 4 コマの漫画が示されていました。

図 6　小学生に対して与えられた 4 コマ漫画の課題

日本
どんな日でしたか？

アメリカ
What kind of day did he have?

渡辺，『納得の構造』，2004年，東洋館出版社，p. 17 より使用許可を得た。なお，上が日本語による課題，下が英語による課題に用いられた漫画である。

　日米の小学生によって書かれた作文を分析した結果，日米いずれの国の

小学生も，出来事を時間的に起こった順序で述べる「時系列連鎖型」による作文を書いていたことがわかりました。しかし，同時に，両者の間には重要な相違点が認められました。日本人小学生の93％が出来事を起こった順番に記していたのに対し，アメリカの小学生の34％が主人公の一日を総括する文から書き始めていました。

　以下の文章（3）と（4）は，日米の小学生によって書かれた典型的な作文です（渡辺，2004，pp. 22-23）。下線は筆者によるものです。

文章（3）日本の小学生によって書かれた作文

　　けんた君はねないでテレビゲームを<u>していてそしたら</u>しあい時間まえに<u>なってしまって</u>いそいでユニホームにきがえバスにのったところ<u>まちがえてそして</u>試合時間にまにあわなくてせんばつでピッチャーができませんでした。

文章（4）アメリカの小学生によって書かれた作文

　　<u>My opinion on John's day is that he had a frustrating day from the beginning of the day to the end of the day.</u> It was a very ironic day for him, first, he played video games for too long which <u>caused</u> a chain reaction of bad events. He got up late <u>so</u> his mind was in a state of panic, and which in effect <u>caused</u> him to go on the wrong bus which <u>caused</u> him to be late for baseball practice. <u>All in all he had a bad day.</u>

　日本人小学生による文章（3）は，出来事を起こった順序に沿って示す「時系列」によって書かれたものです。「〜して」という連用形（下線部）が続き，「そしたら」，「そして」という順序をあらわす接続詞（二重下線部）が使われています。さらに，作文全体が途切れることなく，1文で書かれています。

　これに対して，アメリカ人小学生による文章（4）は，主人公である John の一日を総括する文である My opinion on John's day is that he had a frustrating day from the beginning of the day to the end of the day. で始まり，この冒頭の文は最後の All in all he had a bad day. という文とも呼応しています。この最初と最後の文に挟まれた部分では，なぜ John の一日が frustrating bad day であったのかに関する理由を説明しています。つまり，作文（4）は英語の paragraph の構造を踏まえて書かれており，topic sentence, supporting sentences, concluding sentence という3部構成で成り立っています。そして，作文全体が，文章（2）と同様に，「因果律」によって書かれています。原因と結果を結びつける動詞である caused が3回使われ（二重下線部），その他同じく結果を導く接続詞である so（波線）も使われています。

　渡辺（2004）は，このような違いは日米の初等言語教育に起因するものと説明しています。アメリカでは小学校での低年次から，さまざまな文章の「型」を徹底的に教え，論理的に説明することによって読み手や聞き手を説得することを「技術」（language arts）として教えます。こうした技術としての作文教育はアメリカだけではなく，イギリスの学校教育でも見られます。そのため，イギリスからの帰国生が書いた文章（2）も，因果律に基づいた客観的な文章となっていたのです。

　これに対して，日本の伝統的な国語教育では，さまざまな文章の型を教えるのではなく，心情を描写することで，読み手から共感を引き出す「心の目を養う」（渡辺，2004，p. 80）ことに焦点が当てられてきたと言えます。こうした教育の影響により，文章（1）も，作者の主観的な思いを綴ることによって感動を生み出す「歯医者さんに行って頑張った少年の物語」になっていたのだと言えます。

4.3　奨学金への応募の手紙：懇願型と根拠提示型

Q19：ある日，あなたは学校の掲示板に次のような奨学金募集の案内を
　　　見たとします。あなたなら，どのような応募の手紙を書きますか。

ABC College in the U. S. A will offer a scholarship of one
year study for a Japanese student. Anybody interested
should contact Mr. Smith at Office of Admissions, ABC
College.

　大井・上村・佐野（2011）は，日本人とアメリカ人の書き手によって書か
れた 2 つの手紙文を紹介していますが，以下は，その手紙文を基に，名前，
学校名などに修正を加えたものを示しています（pp. 86-87）。

手紙文（1）

Dear Mr. Smith：

　(1)My name is Hisayo Takada. I am twenty years old and I go to
Sakura High School. (2)I am interested in American people and culture.
But I have never been to a foreign country. I want to go to America
very much.

　Of course, I am studying very hard everyday.

　My sister is still a junior high school student and my parents just
recently built a new house. Going to America costs a lot of money. So
I need the scholarship.

　(3)If I can go to ABC College, I will study harder than now and I want to make many foreign friends there. I think American people are very friendly and kind. Surely I will have a nice relationship with them.

④Mr. Smith, I want to know American people and culture. Please give me the chance. ⑤After a year, I will grow more than now.

⑥I wait for your answer.

Takada

手紙文（2）

Dear Mr. Smith :

①I would like to apply for admission to ABC College, ②specifically for entrance into the computer science program. I hope to pursue a career in international business in the future.

③I am presently a high school senior at Central High School in Indiana, Pennsylvania. ④I have a 3.8 grade point average on a 4.0 scale. In addition, my SAT score is in the upper 20% bracket.

For the last three years, I have been helping my father in his advertising business, including web designing. ⑤I believe that I have the academic credentials and work experience to do well in your business program.

⑥I am interested in applying for your scholarship. ⑦Would you kindly send an application form to me at the above address?

⑧Thank you very much.

Sincerely yours,

James Anderson

これら2つの手紙文を比較するためには，その内容を構成している要素である idea unit を定める必要があります。ここでは，大井・佐藤（Oi & Sato, 1990）を基に，以下の10種類の idea unit を分析の単位としてみます。

（1）Identification（自己紹介）
（2）Reason（応募理由）
（3）Application message（応募の表明）
（4）Qualification（資格）
（5）Personal appeal（自己PR）
（6）Promise（誓い）
（7）Petition（懇願）
（8）Request for information（情報請求）
（9）Expecting a reply（返信依頼）
（10）Closing remark（結語）

これらの idea unit を使って2つの手紙文を分析してみましょう。まず，手紙文（1）の内容構成を見ていくと，以下のようになります。①から⑥の番号は手紙文に記した番号に対応しています。

① Identification→②Reason→③Promise→④Petition→
⑤ Promise→⑥Expecting a reply

すなわち，手紙文（1）においては，自己紹介（①），応募理由を説明した後（②），誓いを立て（③），懇願をし（④），再度誓いを立て（⑤），返信の依頼をして（⑥）終えています。ここで特徴的な点がいくつかあります。まず，手紙を書いた目的である奨学金への応募の意思という重要なメッセージは書かれていません。また，応募の理由も，妹はまだ小さく，両親は家を

建てたばかりであるという極めて私的なものとなっています。さらに，③から⑤において，一生懸命勉強しますという誓いと，私にチャンスをくださいと懇願するという極めて主観的な方法で，読み手である Mr. Smith の心情に訴えかけています。

　一方，手紙文（2）の内容構成は，以下のようになっています。

① Application message→②Reason→③Identification→
④ Qualification→⑤Personal appeal→⑥Application message→
⑦ Request for information→⑧Closing remark

　手紙文（2）では，まず手紙を書いた目的である奨学金への応募の意思を伝え（①），次いで情報工学のプログラムへの入学を志望していることを応募の理由として述べています（②）。そして，自己紹介をし（③），学業における成績だけではなく，志望内容に関連する実績や経験を引き合いに出して（④），自己アピールを行っています（⑤）。学業に関しては，履修した科目の平均点（GPA: Grade Point Average）におけるスコアや，大学能力評価試験（SAT: Standard Assessment Test）における成績という具体的な数字を用いて説明しています。また，3年にわたりホームページ等の制作や営業に携わることによって父親の事業を支えたことを具体的に述べることにより，志望する情報工学のプログラムで勉学するための適性を備えていることを自己アピールしています。そして，再度応募の意思を示しています（⑥）。

　2つの手紙文はどちらも相手を説得することにより奨学金を獲得することを目的とするものですが，両者の内容は異なる印象を読み手に与えています。手紙文（1）は，個人的な事情や思いを伝えることにより，読み手の感情に訴える懇願型のスタイルを用いているのに対し，手紙文（2）は根拠となる客観的な数字や実績を示すことにより，読み手を説得しようとする根拠提示型のスタイルを使っています。

4.4　履歴書：形式重視型と能力重視型

Q20：以下の履歴書（1）と（2）を見て，どのような違いがあるかを
　　　考えてみましょう。

履歴書（1）

履歴書		20xx年5月x日現在			年	月	免許・資格
ふりがな	すずき　いちろう		写真		2012	11	普通自動車第一種運転免許取得
氏名	鈴木　一郎				2013	8	世界遺産検定2級合格

生年月日　1991年5月5日（満30歳）　男・女
ふりがな　とうきょうとはちおうじし
現住所　東京都八王子市○○町○丁目○番○号
電話　(090)xxxx-yyyy
e-mail　ichirosuzuki@zzz.com

年	月	学歴・職歴
		学歴
2009	3	東京都立朝日高等学校卒業
2013	3	太陽大学経営学部経営学科卒業
		職歴
2013	4	太平洋自動車株式会社入社
2016	7	一身上の都合により退社
2016	8	日本海商事株式会社入社
		現在に至る

趣味・特技（スポーツ・クラブ活動・文化活動など）
趣味は音楽、映画鑑賞で、大学時代は軽音楽サークルに所属していました。
通勤時間　約1時間10分

志望の動機
貴社の新製品に魅力を感じています。これまでの勤務経験を活かして御社の業務に貢献したいと思っております。
扶養家族　0人

本人希望記入欄（特に給料・職種・勤務時間・勤務地・その他について希望などがあれば記入）
職種は営業職、勤務地は首都圏内を希望しています。
配偶者　有・無
配偶者の扶養義務　有・無

JIS 規格帳票履歴書用紙［シン-1J］　コクヨ株式会社製品を基に作成。

履歴書（2）

RESUME

Mary Green
1234 Brown Street

Portland, OR 97201
503-xxx-yyyy
MGreen@zzz.com

Professional Objective :
To find an academic position as an instructor of English as a second language (ESL) for international students at Lake College in Portland.

Work Experiences :
September 2019-present : Part-time ESL instructor at Golden Language Institute in Portland.
September 2018-July 2019 : Part-time instructor of English as a foreign language (EFL) at Tokyo English School.

Educational experiences :
September 2016-May 2018 : Ocean University. MA in Teaching ESL.
September 2012-May 2016 : Sky University. BA in Japanese.
September 2013-May 2014 : Exchange student at Yamato University in Kyoto, Japan.

Qualifications :
September 2020 : Best Teacher Award at Golden Language Institute
December 2013 : First prize in Japanese composition contest at Yamato University.

Reference :
Prof. Tom Gray
Department of English
Sky University
567 Cherry Street
Portland, OR 97203
TEL : 503-xxx-zzzz
Tgray@SU.edu

Kumamoto, Oi, Kamimura, Sano, Matsumoto, 2010, *Writing Frontiers*, p. 117を基に作成。

4.4.1　履歴書（1）

　一般財団法人日本規格協会は2020年半ばまで JIS 規格の解説において履歴書の様式例を示し，厚生労働省もその使用を推奨してきました。履歴書（1）は，その JIS 規格の様式例を用いて，コクヨが販売している市販の履歴書に添付されていた記入見本例を基に作成されたものです。したがって，以下の解説は，この従来型の履歴書の書き方に見られる特徴を解説したものとなります。

　履歴書（1）を見ていくと，その全体的な特徴は，「一般的，間接的」であり，「形式重視型」と言えるでしょう。日本では，通常履歴書を作成するときには，市販されている履歴書用紙を使います。つまり，書式はすでに定まっており，記入すべき事項は指定されています。指定された欄には基本的に手書きで記入します。採用者側には，文字の書き方という非言語メッセージから応募者の人柄を読み取ろうとする意図があるからです。そのため，応募者は一文字ずつ丁寧に書き，書き損じた場合は新たに書き直します。

　記入事項としては，「生年月日・年齢」が含まれており，これは，年齢を重視する日本社会を反映しています。また「性別」を記載する欄もあり，写真を貼付することになっています。

　次いで，履歴書（1）では，「学歴」「職歴」の順で記載することになっています。つまり，過去から現在に至る時系列に沿う記入の仕方になっています。どこの学校を卒業し，どこの会社に勤務したかは記されていますが，特にどのような業務に従事したかは書かれていません。

　応募に際し，最も重要であると思われる「志望の動機」および「本人の希望記入欄」を記す欄は，履歴書の最後に置かれています。記入されている内容は一般的なものです。採用側の会社を固有名詞ではなく「貴社」と呼び，希望職種は「営業職」とだけ記し，希望する具体的な内容については触れて

いません。

「免許・資格」としては自動車運転免許など，「趣味・特技」としては音楽，映画鑑賞が記されていますが，こうした内容はごく一般的なものであり，志望する職種と関係があるものとは言えません。志望の動機も，採用者側のどのような新製品に魅力を感じているのか，これまでの勤務経験はどのようなものなのかが記されておらず，極めて具体性に欠けた志望動機となっています。

　また扶養家族の人数，配偶者の有無，配偶者の扶養義務は個人情報に属するものです。応募者がどこで勤務可能か，転勤は可能かなどを採用者側が探るために必要な情報だと考えられます。

　このように，履歴書（1）は，応募者が自分の資格や能力をアピールするためのものというより，採用者側が間接的に応募者のおおよその人柄を見るための資料であると言うことができるでしょう。

4.4.2　履歴書（2）

　次に英文による履歴書（2）を見てみましょう。英語で履歴書は resume あるいは curriculum vitae（CV）と呼ばれます。英文による履歴書では，積極的に自己アピールをすることが求められており，「能力重視型」と言えます。そのために，resume は応募者が自分で書式と内容を決めて作成します。Resume は私的な手紙ではなく正式な書類なので，手書きではなくワープロで作成します。

　まず，履歴書（2）は氏名等の個人情報から始まっていますが，そこでは，応募者の立場の有無や家族構成などから生じる差別を防ぐため，性別，年齢，配偶者についての情報は記載せず，また写真も貼付しません。

　その次に記載されているのは，professional objective です。4.3 で見た英文手紙文（2）と同じように，応募者は，professional objective を記す部分

で，自分がどのような業務に就きたいのかという志望内容を明確に打ち出します。履歴書（2）では，応募者は，単に教職に就きたいと書いているのではなく，Lake College という職場で，留学生に対して英語を第 2 言語（ESL）として教える教師としての職種を目指していることを具体的に明記しています。履歴書の残りの部分は，ここで書いた目的を達成するための説得材料を示す役割を担っているのです。したがって，professional objective での記載内容は，いわば paragraph の topic sentence の役割を担っていると言えます。

　次いで，work experiences と educational experiences が記載されています。日本語の履歴書では，学歴，職歴の順で記すことになっていましたが，英語の履歴書では，職歴，学歴の順で記します。日本では時の流れに沿って過去から現在へと物事を眺めていきますが，英語文化圏，その中でも特に北米では，物事を現在から過去に遡って捉えようとします。大切なのは過去の実績ではなく，現在の能力や未来に向けての可能性であり，採用者側は応募者が今後どのような貢献をしてくれるかを判断しようとしていると考えられます。なお，職歴，学歴に関しても，それぞれ現在から過去に遡って記載します。このような過去から現在に向かって記す日本語と，現在から過去に遡る英語の相違は，4.1 で見た歯医者に行った少年が書いた作文や，4.2 で扱った 4 コマ漫画による小学生の作文に通じるものと言えます。

　職歴においては，「どこで」「どのような業務」に従事していたのかを記しています。また，学歴についても「どの学校」で「何を専攻し，どの学位」を得たのかを記し，また交換留学生としての経験も記しています。

　資格の欄では，Best Teacher Award を受賞したことに触れ教師としての資質をアピールしています。さらに，交換留学生として学んだ日本の大学で開催された日本語作文コンテストで優勝した実績を示し，日本語能力も高いレベルであることを示しています。履歴書（2）の応募者である Mary Green は，ポートランド（Portland）で留学生向けに ESL を教える教師として働

くことを目指しています。ポートランドという日本との関係も深く日本人留学生も多い場所で ESL の教師という職種を得るには，教師としての資質や日本語能力を明記することは，採用者側に対する強力なアピール材料となると言えます。

　英語の resume では，通常，末尾に reference として保証人を記載することになっています。ここには，応募者のアピールする経歴や実績，および資質や能力が確かなものであることを保証する人物を記します。

　このように，英語の履歴書では，志望する仕事を得ることに向かって自己を最大限にアピールすることが目的となっています。そのために，各応募者は，まず履歴書の書式を考え，その中で，自分の経験，実績そして能力を魅力的に示すことにより，採用者側を説得しようと試みていくのです。

4.4.3　履歴書（3）

　日本における履歴書（1）は従来型の様式に基づくものと述べました。実は，日本でも昨今のジェンダーに対する意識の変化や個人情報への配慮などを反映し，履歴書の様式にも変化が現れました。2020年7月に，日本規格協会（2020）は JIS 規格の解説において，これまで厚生労働省も推奨していた様式例を削除しました。そのため，厚生労働省は履歴書の様式についての検討を行い，新たな様式例を「厚生労働省履歴書様式例」として作成し参考とするよう発表しました（厚生労働省，2022）。履歴書（3）は，厚生労働省履歴書様式例を用い，ハローワーク（2022）が示している履歴書の書き方を参考にして作成されたものです。

　JIS 規格の様式例と比較すると，厚生労働省履歴書様式例では，性別の記載は任意となり，未記載とすることもできるようになっています。また，通勤時間，扶養家族数，配偶者の有無，および配偶者の扶養義務など個人情報に関わる欄は削除されました。

　JIS 規格では記入上の注意として，鉛筆以外の黒あるいは青の筆記具で手書きと規定されていましたが，厚生労働省による様式ではこの注意書きは削除されています。企業によっては，ワープロでの履歴書の作成も認められるようになったからです。

　また，履歴書（1）の記入内容では応募者の能力を正確に判断することは困難です。そこで，新たな様式により作成された履歴書（3）では，応募者は採用者側の事業内容と関連づけながら，自身の前職，現職での仕事内容や経験，および能力を具体的に記載しアピールしています。具体的には，応募者は，アジア地区でのプラスチック製品の輸出事業に携わった経験があり，この実務経験と英語力を活かして，アジア地域での日本食の販売網の拡大を進めている採用者側の企業に貢献したいと積極的にアピールしています。

　なお，履歴書以外にも，採用者側は独自のエントリー・シートを設け，応募者にはそこに自己アピールとなる内容を詳細に記入してもらうという形を取り入れてきています。また，最近では，新規採用者用，転職者用，パート・アルバイト用など応募者の立場に応じたさまざまな市販の履歴書も販売されてきています（コクヨ，2020，2021）。

　このように日本の履歴書にも，従来の「形式重視型」から，徐々にアメリカの履歴書に見られる「能力重視型」に変わりつつあるという傾向が見られます。1.2.3では一般文化の6つの特徴について述べましたが，そのうちの1つに「文化は時と共に変容する」という特徴がありました。日本の履歴書の様式や記入内容に見られる変化も，そうした文化の特徴を表すものと捉えることができます。

履歴書（3）

履歴書		20xx年4月xx日現在		写真をはる位置 写真をはるのは必要がある場合 1. 縦 2. 本人単身胸から上 3. 裏面のり付
ふりがな	やまだ	たろう		
氏　名				
山田　太郎			添性別	

ふりがな	とうきょうと はちおうじし ○○まち ○ちょうめ ○ごう		電話
現住所 〒xxx−xxxx			(098)7654-3210
東京都八王子市○○町○丁目○番○号			
ふりがな			電話
連絡先 〒	（現住所以外に連絡を希望する場合のみ記入）		080-7654-1234

19xx年4月5日生	（満30歳）	

eメールアドレス: xyz345@abc.ne.jp

年	月	学　歴・職　歴（各別にまとめて書く）
		学歴
20xx	4	東京都立地球高等学校　入学
20xx	3	東京都立地球高等学校　卒業
20xx	4	宇宙大学外国語学部英語科　入学
20xx	3	宇宙大学外国語学部英語科　卒業
		職歴
20xx	4	いろは商事株式会社　入社
		営業事業部　関東地区担当
20xx	2	いろは商事株式会社　退社
20xx	5	株式会社ABC商事　入社
		営業促進部　アジア地区担当
		現在に至る

※「性別」欄：記載は任意です。未記載とすることも可能です。

年	月	学　歴・職　歴（各別にまとめて書く）

年	月	免　許・資　格
20xx	8	普通自動車第一種運転免許　取得
20xx	8	TOEIC®にて900点　取得

志望の動機、特技、好きな学科、アピールポイントなど
私は以前からアジア地域における日本製品の販売事業に従事したいと考えて参りました。貴社が今後この地域において日本食の販売事業を展開する予定であると伺い大変魅力を感じ、是非貴社で働かせていただければと思うようになりました。前職では、日本のプラスチック製品の輸出事業に係わって参りました。この機会に是非私の経験と語学力を活かして、貴社のアジア地域における日本食の販売網の拡大に貢献していきたいと考え、応募した次第です。

本人希望記入欄（特に給料・職種・勤務時間・勤務地・その他についての希望などがあれば記入）
営業職を希望します。

ハローワーク　インターネットサービス「履歴書の書き方」，2022を基に作成。

4.5　料理のレシピ

　これまで，小学生など学習者および一般人によって書かれた文章を眺めてきました。最後に，プロフェッショナルなライターによって書かれた文章を取り上げてみますが，ここでは，筆者のゼミナールの学生であった永倉（2021）が行った研究を紹介したいと思います。

　永倉（2021）は，日本人によって書かれた料理本2冊とアメリカ人によって書かれた料理本2冊を比較する研究を行いました。分析対象となった料理

本は，2020年においていずれもアマゾンで売り上げ第 1 位を記録していたものでした。日米それぞれ，初心者向けのもの 1 冊と，揚げ物を扱ったもの 1 冊を選びました。具体的には，日本の料理本としては『いちばんおいしくできる　きほんの料理』（大庭，2015）と『有本葉子の揚げもの』（有本，2014），アメリカの料理本としては *AMERICAN COOKBOOK*（Martini, 2018）と *ALL-AMERICAN AIR FRYER COOKBOOK FOR THE BEGINNERS 2020*（Ramsay, 2020）を取り上げました。永倉は，これらの料理本を，（1）文章と写真の割合，（2）調理表現（オノマトペ，曖昧表現，切り方の表現），および（3）本全体の構成の観点から分析を行いましたが，以下に注目すべき分析結果に焦点を当てて紹介します。

　まず，日本の料理本では，いずれも写真の割合はページ全体の約50％を占めていたのに対し，アメリカの料理本では文章が70％近くを占め，写真がほとんど使われていないことが判明しました。ここから，日本の料理本は視覚に訴える非言語コミュニケーションを重視しているのに対し，アメリカの料理本は文字による言語コミュニケーションを重視していることがわかります。この結果は，1.3.2.2で述べた日本と北米のレストランでのメニューの違いとも関連するものと言えます。

　次に，調理表現の中のオノマトペについては，日米の料理本の間で顕著な違いが認められました。日本の初心者向け料理本には計172回，揚げ物料理本では114回使われ，1 つの料理のレシピには必ず 1 回は使われていることがわかりました。オノマトペの種類も幅広く，初心者向けの料理本では，「しんなり」「こんがり」「ふんわり」「とろり」「サクサク」「カラッ」など，揚げ物料理本では「カラリ」「パリパリ」「アツアツ」「ふっくら」「パリパリ」「ギュッ」などが使われていました。これに対し，アメリカの料理本にはオノマトペは基本的には使われていませんでした。永倉（2021）は，アメリカの料理本に見られたものとして，smooth, crispy, flaky, stiff の 4 つを挙げていますが，これらは，3.3.4で扱った語感にオノマトペ的要素が残って

いるB型（小倉，2016）に属するものであると考えられます。

　また，曖昧表現に関しては，永倉（2021）は調味料の分量を表す表現に注目しました。その結果，日本の初心者向け料理本では「少々」が100回以上使われ，揚げ物料理本では「適量」が300回以上使われているという結果が得られました。これに対し，アメリカの料理本では1 pinch ofという表現が最も多く使われていましたが，その回数は40回を下回っていました。この結果は，日本の言語コミュニケーションでは断定を避ける傾向にあることを示唆しています。小島（1991）は，日本語の「など」「そろそろ」「ばかり」といった表現を「特定化を避けてぼかすという意味において非常に消極的な表現である」と述べています（p. 213）。料理本に見られた「少々」や「適量」も特定化を避けており，意味の解釈を書き手が与えるのではなく，読み手に委ねているという点で消極的な表現であると言えます。

　曖昧表現に関して，素材の切り方にも着目して分析したところ，日本の料理本には，数多くの切り方の表現が使われていることが判明しました。「〜cm幅に切る」「〜等分に切る」といった表現だけではなく，「みじん切り」「千切り」「輪切り」「くし切り」「小口切り」などさまざまな切り方に関する，いわば慣習化された用語とも言うべき表現が使われていました。一方，アメリカの料理本で見られた表現は，chop, slice, ring, strip, cubeに限定され，これらは切られた後の素材の形状を示す表現でした。これらの限られた表現は，料理の場面に応じて，thin slices, cut into 5 mm thick slice, wafer-thin slicesというように使われていました。日本の料理本には，写真と共にさまざまな切り方の説明が掲載されたページがあり，そこには「レシピの切り方や大きさは，おいしく仕上げるために考えられています」と書かれていました。すなわち，日本の調理では素材を活かすことを重視しており，食材をいかに切るかが味や食感に大きな影響を与えるため切り方に重きが置かれ，さまざまな切り方に関する表現が生まれたのだと思われます。

　最後に，永倉（2021）は料理本の著者が執筆にあたってどのような姿勢で

臨んでいたかについて触れています。永倉によれば，日本の料理本の著者は，初心者に「料理の基礎を丁寧に教える」ことにより，「料理を作る楽しさや，手間暇かけてつくる料理のおいしさ」を伝えようとしています（p. 43）。これに対し，アメリカの料理本の著者は，誰もが時間をかけずに簡単に料理が作れるようになることを目的としていました。ここには，時間に対する考え方や技術の磨き方に対する日米の違いが見受けられます。日本では技能は一歩一歩時間をかけて身につけるものという考え方が尊重されますが，アメリカでは誰もが効率的に一定の水準の技能や知識を修得することが求められていると言えるかもしれません。たとえば，アメリカでは，大学院に入学する際，大学での専攻とは全く異なった専攻を選ぶ学生は多数見られます。しかし，日本では，学問は基礎からという考え方から，大学での学部での専攻と違った専攻を選ぶ大学院生はほとんどいません。このような「丁寧な指導と学習」と「効率的な指導と学習」という日米の文化的・社会的な姿勢が，料理本の内容にも反映されているのかもしれません。

4.6　文章における視点

「視点」は日本語や日本文化を説明する上で重要な要因です。第3章の文のレベルでは，授受動詞の使い方には視点の移動や共有が関わっていることを説明しました。ここでは，文章における作者の視点について考えてみます。

4.6.1　常体と敬体

英語と異なり，日本語には2種類の文体があります。日本語には「である体」と呼ばれる常体と，「です，ます体」と呼ばれる敬体とがあります。「である体」である常体は書き手志向の文体であり，筆者の考えを主張したり，

研究成果を発表したりする論文で使われます。「です，ます体」である敬体は，聞き手志向の文体であり，講演や講義などにおいて聴衆に語りかけるときに使われます。

　牧野（1996）は，ウチとソトという考え方を導入し，常体はウチの人に対して使われ，敬体はソトの人に向けて用いられるとしています。その上で，前者を「ウチ形」，後者を「ソト形」と呼んでいます。話し手の内なる思いを表すとき，すなわち独白において，ウチ形が顕著に見られます。たとえば，主観的な思いを表す感嘆文として，「ああ！うれしい！」（常体）とは言えても，「ああ！うれしいです！」（敬体）とは言えません。すなわち，話し手が視点を聞き手に合わせ外向けの顔を見せているときは敬体を使うのに対し，話し手の視点が自分に向けられ内心を告げるときは常体を用いるのだと言えます。

　それでは文章においてはどうでしょうか。以下に牧野（1996）が紹介している文章を 2 つ（文章（5）と（6））を取り上げます（pp. 106-107，p. 108）。文章（5）は，『婦人之友』（1992）という雑誌に掲載された座談会での発言からの抜粋で，テーマは親から子に伝えたい家庭の味というものです。

　文章（5）

　　①お客を迎えて，ではデザートをどの皿でだそうかと考えたときに，末娘のことを描いた天使の器と呼んでいる小鉢を作ったんです。②食事をするときに美しい食器をみて気持ちがふわっと明るくなる。③日常と違う次元の中で，食べるものもおいしく話もはずむ。④器をつくる時，そういう感覚がとても大事だなと思います。

　　（辰巳・香川・本間・中村・江口（1992），「家庭で伝えたい食卓の文化」p. 31；牧野（1996），p. 106-107 に所収。）

　文章（5）は，最初の文（①）では敬体（下線）が使われていますが，②

と③では突然常体（波線）に変わり，④では敬体（下線）に戻っています。牧野（1996）は，常体への転換が起こるのは，「ある事柄が発言者の頭の中で固定したイメージのように映像化している場合とか，長い間考えていて確信のようなものに結晶している場合」であると述べています（p. 106）。

　それでは，なぜ②と③において，こうしたイメージの映像化が起こったのでしょうか。筆者は，ここには視点の移動が大きく関係しているのではないかと考えています。座談会という性質上，発言者は他の出席者へ敬意を払うために，敬体を使って話を始め，末娘のことを描いた小鉢について説明しています。その小鉢のことをイメージした瞬間に，無意識的にその器を使って食事をしたときの記憶がよみがえり，発言者はウチなる気持ちを独白し，常体を使ってしまったものと思われます。そして，④において，我に返り，再び周りの人々を意識した敬体で話を締めくくったと言えるでしょう。すなわち，発言者の視点は「ソト→ウチ→ソト」へと移動していると言えます。その移動に伴って，文体も変化しているのです。

　次に文章（6）を見てみましょう。

文章（6）

　①だいたいアカデミー賞の授賞式で，リチャード・ギアだの，エリザベス・テイラーだのにえらそうに説教なんかされたくない。②たとえそれが正論であるにせよだ。③いや，正論であるからこそされたくないのだ。そう思いませんか。

（村上，『やがて哀しき外国語』，1997，p. 209，牧野（1996），p. 108 に所収。なお，村上（2016）では，「リチャード・ギアだの，エリザベス・テイラーだのに」は「プレゼンターに」に変更。）

　文章（5）とは反対に，文章（6）では①と②で常体（波線）が用いられています。ところが，③では突然敬体（下線）が使われています。作者は①

と②で，自分の確固たる自らの主張を述べています。しかし，③において，急に読者を意識し，「そう思いませんか」（下線）と自分の主張が正しいことを読者に敬体で問いかけてきています。文章（6）では，視点が「ウチ→ソト」と移動していることがわかります。視点が作者自身に向けられているときは常体を，視点が読者に向けられ視点の共有が試みられるときは敬体が使われているのです。

　次の文章（7）と（8）は最近筆者が遭遇した文章です。文章（7）は，阿部（2019）による英詩を読むための入門書からのものです。ここで，阿部は，英詩は黙読すべきであると述べています。

文章（7）

　①黙読とは確かに言葉をめぐる一種のフィクションです。②本来なら声に出して語られるはずの言葉というものを，語られたことにする，という形で，実際には音にしないでやりとりする。③しかし，音にしないからこそ表現されうるものが出てくる。④声に出してしまったら，壊れてしまうくらい，弱くて，小さいもの。⑤そういうものが欲しいとき，詩はたいへん助けになります。（p. 63）

　文章（7）において，書き手は最初敬体（下線）を使って読者に語りかけています。②～④は書き手の詩のあるべき姿に関する信念を表現した独白部分です。ここでは，自分の世界に没入しており，読者への配慮はしていません。そのため，②と③では常体（波線）を使っています。さらに，深く自己のウチなる世界に入り込んだ④ではもはや常体さえ使わず，体言止め（二重線）を使っています。そして，⑤になって，再びソトの世界に戻って，詩の魅力を読者に訴えるために敬体（下線）を使っているのです。したがって，ここでは，「ソト→ウチ→さらなるウチ→ソト」という視点の移動が見られます。

　文章（8）は文章（6）と同じく村上春樹によるものですが，より新しく書かれたエッセイ集である『走ることについて語るときに僕の語ること』（2007）からの抜粋です。

文章（8）

　　①体重も順調に落ち，顔つきもすこしすっきりしてきた。②自分の身体がこうして変化していくのを感じ取れるのは，いいことだ。③ただし若いときよりは変化に時間がかかるようになった。④一ヵ月半でできたことが，三ヵ月かかるようになる。⑤運動量と達成されたものごととの効率も，目に見えて悪くなってくる。⑥しかしそれは仕方ない，あきらめて，手にはいるものだけでやっていくしかない。⑦それが人生の原則だし，それに効率の善し悪しだけが我々の生き方の価値を決める基準ではないのだ。⑧ところで僕の通っている東京のジムには「筋肉はつきにくく，落ち易い。贅肉はつき易く，落ちにくい」という貼り紙がしてある。⑨嫌な事実だけど，事実は事実ですね。

（村上，2007，『走ることについて語るときに僕の語ること』，pp. 78-79）

　文章（8）においては，①〜⑧までずっと常体（波線）が使われています。ところが，最後の⑨だけ敬体（下線）が使われています。ジムにある貼り紙に書かれていた「筋肉はつきにくく，落ち易い。贅肉はつき易く，落ちにくい」という文句を思い出し，思わず読者に同意を求めたくなったからだと思われます。終助詞「ね」が使われていることからも，思わずこの文言は聞きたくないものだけれども真実を言い当てているという作者の思いへの賛同を読者に求めていることがわかります。

4.6.2　時制

　書店には，日本の短編や小説の一部を英語に翻訳した対訳本が売られています。筆者は，最近そうした対訳本を読む機会があり，そこに最初に掲載されていた作品は，太宰治の『走れメロス』でした。以下の文章（9）は，『走れメロス』の原文の冒頭部分であり，文章（10）は翻訳家であり同志社女子大学名誉教授のカーペンター（Carpenter）による英訳です（青谷・カーペンター，2019）。

文章（9）

　①メロスは激怒した。②必ず，かの邪知暴虐の王を除かなければならぬと決意した。③メロスには政治は分からぬ。④メロスは，村の牧人である。⑤笛を吹き，羊と遊んで暮らして来た。⑥けれども邪悪に対しては，人一倍に敏感であった。

　⑦きょう未明メロスは村を出発し，野を越え山越え，十里はなれたこのシラクスの市にやって来た。⑧メロスには父も，母も無い。⑨女房も無い。⑩十六の，内気な妹と二人暮しだ。⑪この妹は，村の或る律儀な一牧人を，近々，花婿として迎える事になっていた。⑫結婚式も間近かなのである。⑬メロスは，それゆえ，花嫁の衣裳やら祝宴の御馳走やらを買いに，はるばる市にやって来たのだ。

　⑭先ず，その品々を買い集め，それから都の大路をぶらぶら歩いた。⑮メロスには竹馬の友があった。⑯セリヌンティウスである。⑰今はこのシラクスの市で，石工をしている。⑱その友を，これから訪ねてみるつもりなのだ。⑲久しく逢わなかったのだから，訪ねて行くのが楽しみである。

　⑳歩いているうちにメロスは，まちの様子を怪しく思った。㉑ひっそりしている。㉒もう既に日も落ちて，まちの暗いのは当りまえだが，け

れども，なんだか，夜のせいばかりでは無く，市全体が，やけに<u>寂しい</u>。㉓のんきなメロスも，だんだん不安になってきた。

文章（10）

①Melos was enraged. He made up his mind: The cunning and ruthless king must go. ②Melos knew nothing about politics. ③He was a village shepherd who passed the time playing his flute and tending his sheep. ④But about evildoing, he was more sensitive than most.

⑤Early that morning, Melos <u>had set out</u> from his village, crossing hill and dale to come to the city of Syracuse, some 25 miles away. ⑥He had neither father nor mother, nor wife, but lived with his younger sister, a shy girl of 16 who was engaged to marry a fine young man of the village, also a shepherd. ⑦The wedding was just ahead. ⑧That was why he <u>had traveled</u> all the way here, to buy a wedding costume for her and food for the wedding feast.

⑨He made his purchases and then strolled down the city's main street. ⑩He was on his way to visit Selinuntius, a childhood friend who worked in Syracuse as a stonemason.

⑪He <u>hadn't seen</u> Selinuntius in a long time, so he was looking forward to the visit.

⑫As Melos walked along, he became aware of something strange: a hush lay over the street. ⑬The sun <u>had already gone</u> down and darkness <u>had set in</u>, but nightfall alone could not explain the strange, pervading quiet. ⑭His natural good cheer gave way to a feeling of unease.

（青谷・カーペンター，2019，「走れメロス　太宰治」，『英語朗読で楽しむ日本文学』，アルク，pp. 12-15。）

　まず気づくのは，日本語の文章（9）では，「メロスは激怒した」という過去形で始まっています（①）。しかし，その後③や④では現在形（下線部）が使われています。同様に，⑧〜⑩，⑫，⑯〜⑲，㉑〜㉒でも現在形が使われています。つまり，時制が統一されていません。これに対し，英語の文章（10）では，過去形が使われ，ところどころに過去完了形（波線）も使われていますが，時制は統一されています。

　英語の文章（10）同様，日本語の原文でも，作者はすべて過去形で書くこともできたはずです。たとえば，文章（9）の③や④は「メロスには政治は分からなかった。メロスは，村の牧人だった」とすることもできたはずです。しかし，太宰が現在形を使ったのには，視点が関係しているのではないかと思われます。

　文章（9）では，語り手は2つの視点に立って語っているように感じられます。語り手は，通常は，遠く離れた位置からメロスの行動や心情を眺め，三人称で客観的に記述しています。ここでは過去形が使われています。しかし，ところどころで，メロスのいる世界に入り込み，彼の置かれている状況を語りだします。そのときに現在形が使われています。この視点の移動により臨場感が醸し出され，語り手はさらに読者を物語の世界に引き込み共感を生み出します。たとえば，㉑や㉒で描かれている不穏な状況を，読者もメロスと同じように感じるようになるのです。

　これに対し，文章（10）では，語り手はすべての成り行きをすでに知っている全知全能の視点から述べています。時の流れに沿って忠実に事実を描写することに主眼が置かれています。そのために，複数の事柄が生起した順番を明記し，その間の因果関係を明らかにするために過去形だけではなく，過去完了形も使われているのです。たとえば，文章（10）の⑪では，He hadn't seen Selinuntius in a long time, so he was looking forward to the visit と，過去完了形と接続詞 so が使われています。それにより，この最初の等位節が先に起こった事柄で原因に当たり，so に続く等位節が後に起こった事柄

であり結果を示していることが明確にわかります。つまり，語り手は，時の流れと因果関係を，視点を移動させることなく客観的に記述しているのだと言えます。

宗宮（2007）は，英語の世界では，話者の視点は動かず，時間は直線的に進行するものとして捉えられているのに対し，日本語の世界では，話者の視点は固定しておらず，話者は近距離から事態を眺めているため「過去が話者のいる現在に飛んで」くる形をとることがあると述べています。さらに，「日本語では客観的な時間の流れは重要ではない。だから時制は弱い概念なのだ」と主張しています（p. 17）。

筆者は，ライティングの研究を行ってきましたが，日本人英語学習者による英作文の特徴には，視点の移動が関係しているのではないかと考えています。英語の文章を書く際は，書き手は視点を移動させないことが前提となっています。そのため，同一文章内では，基本的に時制を統一させます。しかし，日本人英語学習者が物語文を書くと，しばしば時制の不一致が見られます。過去形から現在形になり，また過去形になるといった現象です。この問題の原因はしばしば学習者側が単に英語の時制を習得できていないことにあるとされてきました。しかし，筆者は，今回見てきた日本語の文章に特有の視点の移動も影響しているのではないかと考えています。

また，描写文についても同様のことが言えます。部屋を描写するという課題を与えると，英語母語話者は，部屋のドアのある位置など，視点を一点に固定させて，窓や家具を記述していきます。これに対し，日本人学習者が記述するときは，頭の中で自分が部屋の中に入りこみ，部屋を眺めながら，つまり視点を移動させるという方法をとる傾向にあります。

さらに，視点の移動は議論文の場合にも見られます。議論文では，「制服に賛成か反対か」など2つの立場のうちどちらかを選び，その立場を支持する理由を述べることが求められます。こうした議論文の課題を与えられた場合，英語では冒頭で示した立場を最後まで貫くという統一性が求められてい

ます。しかし，日本人英語学習者は，しばしば主張する立場が変わるという問題が生じます（大井〔Oi〕, 1986）。これも書き手の視点が移動してしまうため，論点がずれてしまうからでしょう。

　視点の固定が基本であった西欧では，視点を移動させるという「視点」は新しく，文学では語り手の視点が移動する技法は「意識の流れ」（stream of consciousness）として革新的なものと見なされました。絵画の世界では，二次的画面に事物を複数の視点から多面的に描くピカソなどの作品はキュービズムと呼ばれ，同様に革新的なものとされました。一方，視点は動くものとして捉えられてきた日本では，むしろ視点を固定することの方が珍しく新しいものとして感じられたのかもしれません。現在に至るまで，英作文で時制の一致に苦労するのは，そのことが一因だと思われます。

第 **5** 章

言語コミュニケーション（4）

書き言葉と話し言葉の関連

　ここでは，日本語と英語の話し言葉が書き言葉としての文章の中でどのように扱われているかを眺めてみます。

5.1　O. Henry の『賢者の贈りもの』から

> Q21：文章（11）はオー・ヘンリー（O. Henry）の『賢者の贈りもの』
> 　　　（"The Gift of the Magi"）の一部を記したものです。
> 　　　文章（12）はその日本語訳です。どのような違いがあるかを考え
> 　　　てみましょう。なお，会話部分には便宜上，番号を付しています。

　まず，文章（11）として記した部分に至るまでの話の概略を説明します。デラ（Della）とジム（Jim）はとても仲の良い夫婦です。しかし，2人の生活は経済的に苦しく，クリスマスの前日になってもお互いに贈るプレゼントを買うために必要なお金を捻出できず困っていました。そこで，デラは自慢にしていた自分の髪を売って手にしたお金で，ジムのために金の時計の鎖をプレゼントとして買いました。文章（11）は，ジムが帰宅して，髪を切ったデラの姿を見て驚いた場面から始まります。

文章 (11)

Della wriggled off the table and went for him.

①'Jim, darling,' she cried, 'don't look at me that way. I had my hair cut off and sold it because I couldn't have lived through Christmas without giving you a present. It'll grow out again—you won't mind, will you? I just had to do it. My hair grows awfully fast. Say 'Merry Christmas!' Jim, and let's be happy. You don't know what a nice—what a beautiful, nice gift I've got for you.'

②'You've cut off your hair?' asked Jim, laboriously, as if he had not arrived at that patent fact yet even after the hardest mental labour.

③'Cut it off and sold it,' said Della. 'Don't you like me just as well, anyhow? I'm me without my hair, ain't I?'

Jim looked about the room curiously.

④'You say your hair is gone?' he said with an air almost of idiocy.

⑤'You needn't look for it,' said Della. 'It's sold, I tell you—sold and gone, too. It's Christmas Eve, boy. Be good to me, for it went for you. Maybe the hairs of my head were numbered,' she went on with a sudden serious sweetness, 'but nobody could ever count my love for you. Shall I put the chops on, Jim?'

（中略）

Jim drew a package from his overcoat pocket and threw it upon the table.

⑥'Don't make any mistake, Dell,' he said, 'about me. I don't think there's anything in the way of a haircut or a shave or a shampoo that could make me like my girl any less. But if you'll unwrap that package you may see why you had me going awhile at first.'

(From O. Henry, "The Gift of the Magi," 1995, Wordsworth Editions, p. 4)

文章（12）

　デラは腰をよじるようにテーブルを離れて，夫を迎えた。

　①「もう，ジム，そんな顔しないで。たしかに髪を切って売ったわ。あなたに何もあげられないクリスマスなんて，絶対いやだったから。でも，また髪は伸びてくるのよ——だから，そんなにいやじゃないわよね？　ほかに仕方なかったんだもの。あたし，髪が伸びるのは速いの。だから，メリークリスマスって言って，楽しくなって！　あのね，すてきな——すごくすてきなプレゼントがあるの」

　②「髪を，切ったのか？」ジムは言葉を絞り出した。気力を振り絞って考えて，なお出てきた結論に納得できないというようだ。

　③「切って売ったの。これだって悪くないでしょ？　髪を切っても，あたしはあたし。そうよね？」

　ジムはさぐるように見まわした。

　④「もう髪の毛はない？」と，ぼんやりした顔になる。

　⑤「いくら見たって，ないものはないわ。売っちゃった。だからないのよ。もう，いいじゃない，クリスマスイヴなんだから。あなたのためを思ってしたことなの。大丈夫よ，よく言うじゃない，神様は髪の本数までお見通し」ここでデラはむきになって甘いことを言った。「でも，あたしの愛は数字じゃないの。じゃ，そろそろお肉を焼きましょうか」

（中略）

　ジムはコートのポケットから小さな包みを取り出して，ぽんとテーブルに置いた。

　⑥「どういう男だと思ってるんだ。髪を切ろうが，剃(そ)ろうが，洗おうが，可愛い奥さんには違いないじゃないか。でも，そいつを開ければ，いま僕がおかしくなったわけもわかるだろうな」

（O.ヘンリー著，小川高義訳，『賢者の贈りもの』，2014，新潮社，pp. 16-17。）

5.1.1　発話者の明記

　文章（11）と文章（12）を比べてみると，3つの点に気づくことと思います。第1点は，英語による文章（11）では，誰の言った言葉であるかが明確に文中に記されていますが，日本語の文章（12）では，ほとんど記されていません。文章（11）を見てみると，①では she cried，②では asked Jim，③では said Della，④では he said，⑤では said Della，⑥では he said と，誰の台詞であるかが明記されています。一方，文章（12）では，②において「ジムは言葉を絞り出した」，⑤において「デラはむきになって甘いことを言った」と記されていますが，①，③，④，⑥においては誰が言ったかということを示す表現はすべて翻訳されていません。それは，読者は会話で使われている表現から，デラかジムのどちらの台詞かが判断できるからです。このことは，2つの文章の第2点目の違いと関係しています。

5.1.2　呼称と文末詞

　文章（11）と（12）に見られる第2点目の違いは，男性と女性に特有の表現とされる呼称と文末詞の使われ方です。

5.1.2.1　呼称

　日本語には，男性と女性では，使用する呼称に違いがあります。自称詞である一人称代名詞については，くだけた場面では，女性は「あたし」，男性は「僕，俺，わし」を使い，改まった場面では，男女ともに「わたし，わたくし」を用います。対称詞である二人称代名詞に関しては，女性は「あなた，あんた」，男性は「きみ，おまえ」を用い，改まった場面では男性，女性ともに「あなた」を使います。一方，英語では，一人称代名詞はIで，二人称

代名詞は you で統一されています。

　文章（12）は夫婦の間の会話を記したものであり，インフォーマルな場面設定となっています。そうした場面設定の中で，①では「あなた」と「あたし」が使われているので，この台詞は女性であるデラによるものと判断することができます。同様に，③では「あたし」，⑤では「あなた」と「あたし」が使われ，いずれもデラの台詞であることがわかります。一方，⑥では「僕」が使われているので，男性であるジムの発言であることがわかります。このように，日本語の文章においては，呼称は男女の言語表現を区別する 1 つの指標となっています。なお，④では前の行の「ジムはさぐるように見まわした」という記述と文脈からジムの台詞であると推測できます。

5.1.2.2　文末詞

　呼称以外にも，日本語における男女の言語使用を特徴づけるものとして，終助詞を含む文末詞があります。太田（1992）が行ったテレビドラマの登場人物の会話を分析した調査によると，男性の登場人物は「よ，だよ」を頻繁に使い，女性は「のよ，の？，よ，の，わよ」といった文末詞を使っていました。また，佐藤（1996）はマクグロイン（McGloin, 1991）の研究に言及し，終助詞は男性と女性により使用域が異なると述べています。「ぞ，ぜ，さ，な」は主に男性が強い主張や確認をするときに使い，「わ，の」は女性が聞き手との調和を維持するために使う終助詞です。

　終助詞を含めて文末に使われている表現は文末詞と呼ばれますが，文章（12）では，表11で示したようにさまざまな文末詞が見られます。こうした文末詞を使い分けることにより，文章（12）では，それぞれの台詞の発話者が女性のデラであるのか，あるいは男性のジムであるのかがわかるように翻訳されているのです。

表11　文章12（日本語訳）に見られる文末詞

	発話者	終助詞・文末辞
①	デラ	わ，のよ，よね？，もの，の，ね
②	ジム	のか？
③	デラ	の，でしょ？，よね？
④	ジム	
⑤	デラ	わ，のよ，なの，よ，の
⑥	ジム	てるんだ，ないか，だろうな

　さて，ここで男女による文末詞の使われ方について，さらに説明したいと思います。

　佐藤（1996）は，以下のように述べています。

　　日本語は文尾につく助詞の違いによって規定されている。日本語を母語とする話者は，文尾につく助詞の違いによって，その文を女らしく感じたり，男らしく感じたりする。日本人は，自分の性に応じて規定された終助詞を使わないと，社会からひんしゅくを買うことになる。この社会的規定を自ら破る者もいるが，社会からのはみ出し者とみなされる恐れがあるので，昔は親が子供に重要なしつけとして，男女の言葉遣いの違いを教えたものだった。(p. 67)

　このように，佐藤（1996）は文末詞が性差の特徴を明確に表すと述べています。しかし，その後2000年代に入り，文末詞の使い方には変化が見られるのでしょうか。

　小原（2014）は，制作年代が異なる同一タイトルの映画を題材として，従来女性が使うとされてきた文末詞の使用頻度を調査しました。対象となった映画は1983年と2010年に制作された『時をかける少女』と，1961年と2009年

に制作された『ゼロの焦点』の4本でした。分析の結果，小原はいずれの映画においても，女性の文末詞の使用は「現在，衰退に向かっているという事実を見定めることができた」と結論づけています（p. 27）。女性の文末詞の中で，「よ，ね」は衰退の傾向が緩やかであるものの，「わ」の使用頻度は顕著に低下傾向にあることがわかりました。

　女性の高等教育機関への進学率が上昇し，卒業後の社会での活躍の場も広がりました。それに伴い，学校や社会においても男女平等の意識が高まり，こうした社会情勢の変化が，言葉の使用における男女差を縮める要因になっているものと思われます。太田（1992）は，文末詞の使用については，「男女の言葉が交差し合う方向」へと変化してきており，「従来，男性が使うべき，または，女性が使うべきとみなされた規範意識から，男女とも解放されつつあると言うことができる」と述べています（p. 341）。

　それでは，なぜ，文章（12）は2014年版の日本語訳であるにもかかわらず，従来から男女に特有とされてきた文末詞を使っているのかという疑問が生じます。それには，文章（12）が文字媒体による小説からの抜粋であることが関係しているのではないかと思われます。小原（2014）の研究は，映画を分析対象としたものでした。映画では，登場人物の性別は視覚情報から容易に判断することができます。そのため，男女の区別を表す手段として，登場人物の台詞に依存する度合いは低くなります。一方，小説は視覚情報を提示することができないため，もっぱら文字による表現を通して登場人物の性別を表さなければなりません。そのため，フィクションとしての小説においては，男性的，女性的とされる典型的な表現をより多く使う傾向が生じます。さらに，海外の小説の翻訳版では，女性語が多用されているという指摘もあります（中村桃子，2021）。海外の小説は，日本人読者にとっては虚構性が高まるため，女性の登場人物は女ことばを話すはずというイメージが強まるからと思われます。

　こうしたイメージ化された女性語は，金水（2003）が「役割語」と呼ぶも

のの一種とみなすことができると思われます。役割語とは，発話者の年齢，職業などをイメージさせる特定のステレオタイプ化された言葉遣いを指します。たとえば，「そうじゃ，それはわしのものじゃ」という台詞をきけば，話者が老人であることが推測できます。しかし，現実にはこのように話す老人はおらず，この台詞は老人という役割を演じるために使われている虚構的表現なのです。小説に見られる男女を区別する文末詞も，役割語のように誇張した表現と見なすことができるでしょう。

　なお，これまで日本語における女性語を見てきましたが，英語には女性語は存在しないというわけではありません。英語において女性が多く用いる表現の1つとして，付加疑問文が挙げられます（R. レイコフ〔R. Lakoff〕，1973；脇山，1992）。文章（11）の①と③はいずれもデラの台詞ですが，①では you won't mind, will you？，③では I'm me without my hair, ain't I？という付加疑問文が見られます。英語には日本語のような敬語がないので，英語では相手に応じて表現を変える必要はないという主張を聞くことがありますが，それは誤った考え方です。丁寧さを表現する際，英語には日本語の敬語のような形式化された言語のしくみはありません。しかし，依頼文であれば仮定法（Could you do me a favor？）や埋め込み文（I was wondering if you could come to see me.）を使ったりするなど別の方法で相手に対する配慮を表現する方法があります。それと同様に，英語にはジェンダーによる言語的差異は全くないという主張も誤っているのです。

5.2　呼びかけ表現

　文章（11）と文章（12）についての3つ目の相違点は，呼びかけ表現です。文章（11）の①において，デラは 'Jim' と2回呼びかけています。一方，文章（12）では最初の 'Jim' は，日本語でも「ジム」と訳出されています。

しかし，2回目の Say 'Merry Christmas' Jim という部分における呼びかけ表現である 'Jim' は訳出されていません。また，⑤における 'Jim' も訳されていません。

　英語母語話者同士の会話を聞いていると，相手の名を頻繁に挿入して話をしていることに気づきます。日本語母語話者が英語を話すと，「相手の名前を文中に織り込むことが不得手でうまくできず，日本人の英語は『冷たい』あるいは blunt（ぶっきらぼう）という印象」を与えてしまいがちです（水谷, 2015）。水谷は，アメリカ映画2本と英文の雑誌記事および書籍における会話に注目し，相手に呼びかける語彙を収集し，その種類を調べました。その結果，呼びかけ表現の中で最も使用頻度の高かったのは相手のファースト・ネームであり，このファースト・ネームは主に文末で使われていることが判明しました。水谷によれば，英語では，ファースト・ネームで「親愛」を，ファミリー・ネームと敬称（Mr., Mrs., Dr. など）で「尊敬，敬愛」を表します。そのため，デラとジムのような夫婦や友達同士など親しい関係にある場合，相手のファースト・ネームを頻繁に使って親愛の気持ちを表現しようとするのです。

　日本語話者と英語話者では，名前に対する認識が異なります。日本のように名刺交換が頻繁には行われない英語圏の社会では，相手の名前を記憶することは重要な社会的マナーの1つです。そのため，相手の名前を繰り返し使うことによって覚えようとします。また，2.3.2.2.4で見てきたように，相手が目上の場合，日本語ではその人の役職名のみを使って呼びかけることができます。たとえば，「加藤先生」「伊藤部長」と言わず，「先生」「部長」と言うだけで呼びかけることができます。相手の名前を忘れていても，呼びかけることが可能です。一方，英語では，通常「敬称＋ファミリー・ネーム」で呼びかけなければなりません。そのため，社会生活を営む上で，相手の名前を覚えることは最も重要なことの1つなのです。

　こうした事情は，カナダのフランス語圏であるモントリオールでも見られ

ました。筆者は，モントリオールで社会人向けのフランス語の授業を受講したことがあります。受講生は，西洋諸国の出身者だけはなく，ベトナム，リビア，日本など非西洋諸国出身からの移民を含めて16名いました。先生はフランス人でした。最初の授業で先生は紙を配り，そこに自分の名前をアルファベットで記すように指示しました。紙を回収すると，先生は「ちょっと時間をください」と言って，各受講生の顔を見ながら紙に記された名前をぶつぶつと言っていました。数分後「はい，それでは始めます」と言って，紙を裏返し，受講生の顔を見ながら Vous êtes Taeko というように，16名すべての受講生の名前を間違いなく見事に言い当てました。人の顔を覚えるのが苦手な筆者には，まるでマジックを見ているように思えましたが，同時にカナダにおいても，名前がいかに重要なものであるのかを理解できた出来事でした。

　さらに，水谷（2015）は，英語の会話は「対話」であるのに対し，日本語の会話は「共話」であると指摘しています。英語では，話し手は自分の伝えたいことを言い，聞き手は相手が話す間は相手を見ながらじっと聞き，自分が話す順番（turn）を取ったら話し出します。これは，2人の間をボールが行き来するキャッチ・ボールのような話し方です。それに対し，日本語では，話し手が話している間に，頻繁に言語によるバックチャネリング（back-channeling）を挟んだり，非言語によるあいづちを打つことにより，話し手に「聞いていますよ」とサインを送り，両者が会話を共に作りあげていきます。言語的バックチャネリングは「ええ」「そうそう」「うん」などを指し，非言語によるあいづちは一般的に首を縦に振る動作を指します。英語話者の中には，日本語話者が頻繁に用いるバックチャネリングやあいづちを，「自分の権利を尊重されず侵害されたとして interruption と感じる」人もいるようです（水谷，2015，pp. 84-85）。

　書き言葉に関して，ハインズ（1987）は，英語の文章は writer-responsible であり，日本語の文章は reader-responsible であると主張しました。この見

解は，英語では，書き手は自分の伝えたい内容を読み手が理解しやすいようにできるだけ明確に書く「責任」があるのに対し，日本語では，読み手が書き手の意図をくみ取る「責任」があるというものです。話し言葉による会話においても，英語では speaker-responsible，日本語では listener-responsible というような対比を見出すことはできるのではないかと思われます。英語の母語話者は，自分が話す番を維持している間は，自らが話す内容に責任を持ち，さらに聞き手のファースト・ネームを頻繁に使って呼びかけることにより積極的に聞き手に働きかけているのです。これに対し，日本語を母語とする聞き手は，言語および非言語によるバックチャネリングを頻繁に用いることにより，話し手の言っていることを理解し，話し手に連いていっていることを示しているのだと言えます。

第3部　非言語コミュニケーションを考える

―――――――― 第 **6** 章 ――――――――

非言語コミュニケーション

これまで，「異文化コミュニケーション」という言葉は，（1）「文化（的背景）を」（2）「異にする」（3）「存在（人々）同士の」（4）「コミュニケーション」と分解することができると説明しました。第2部では，言語による伝達手段を用いたコミュニケーションについて考えてきました。第3部では，言語によらない伝達手段を使ったコミュニケーション（非言語コミュニケーション）について眺めていきます。

6.1 非言語コミュニケーション研究の概要

6.1.1 非言語コミュニケーション研究が誕生した背景

私たちは，コミュニケーションとは言語を通して行われるものと思いがちです。しかし，音楽やダンスなど言葉を使わないパフォーマンスが，観客に大きな感動を与えることも知っています。

非言語コミュニケーションが研究分野として誕生したのは20世紀の半ばからでした。その誕生の背景には，いくつかの要因がありました。大山（1996）によれば，第1の要因は，国際化が進み，人々が異文化と接触する機会が増えたことです。異文化において身振り手振りで何とか意志の疎通を図ろうとしても通じないという場面に遭遇し，言語と同じように，非言語による伝達

手段も文化により異なることへの意識が高まったからです。第 2 の要因は，情報技術の発達でした。海外の相手とコミュニケーションを行うために映像を用いた機器を使うことが可能となり，言語だけではなく非言語による伝達手段の与える影響が大きくなったからでした。そして，3 つ目の要因は，合理的な科学技術の偏重への反省です。20世紀に入り理性に基づく科学技術が追究されましたが，人間を理解するにはそれだけでは不十分であり，「非理性的な」自然の一部である身体を理解することが必要であることに気づいたからでした。

　大山（1996）が挙げた 3 つの社会的要因は，21世紀に入りますます顕著になりつつあります。それに伴い，非言語コミュニケーションに関する研究の重要性もさらに高まってきていると言えます。

　なお，非言語による伝達手段を使ったコミュニケーションを指す用語は，研究者によりさまざまに異なります。「非言語コミュニケーション」「ノンバーバル・コミュニケーション」「非言語的伝達」などさまざまな名称が使われていますが，ここでは最も一般的に使われている非言語コミュニケーションという名称を使いたいと思います。

6.1.2　非言語コミュニケーションの研究分野

　東山は，日本における非言語コミュニケーション分野の代表的研究者であり，これまでに多くの示唆に富む研究を行ってきています。

　東山（2020）によると，非言語コミュニケーションという研究分野は，アメリカの国務省が外交官向けに行った訓練プログラムの中で生まれたものでした。1950年代にこのプログラムを推進したのは文化人類学者のホール（Hall）でした。ホールは，外交官として赴任するには，現地の言語だけではなく，時間や空間にかかわる非言語による伝達手段についても学ぶ必要があることを強調しました。また，Nonverbal Communication という言葉は，

ルーシュ・キース（Ruesch & Kees）による本のタイトルである *Nonverbal Communication : Notes on the Visual Perception of Human Relations* (1956) で初めて使われたということです。

　東山（2020）は，言葉によらない伝達手段，すなわち「非言語的伝達手段（nonverbal means of communication）」をいくつかの種類に分類しています。(pp. 22-23)。まず，（1）話し手の身体に注目したものと（2）話し手を取り巻くコンテクストに注目したものを基準として2つに大別し，前者を（1-1）音声を伴う手段か（1-2）否か，後者を（2-1）空間に関するものか，（2-2）時間に関するものかという基準でさらに細分化しています。表12および表13が示す通り，このように分類された非言語的伝達手段は，それぞれ異なる研究分野としての名称が与えられています。

　表12, 13に記した4つの分野に関しては，ホールと共に研究を行ったトレーガー（Trager）がパラ言語学を，バードウィステル（Birdwhistell）が身体動作学を研究分野として確立させました。近接空間学と時間概念学はホールが研究を進めた分野です。

表12　非言語による伝達手段を扱う分野

伝達手段	研究の対象	研究分野
話し手の身体に着目	音声を対象とする	パラ言語学 (paralinguistics)
	音声以外を対象とする	身体動作学 (kinesics)
会話者を取り巻く状況に着目	空間を対象とする	近接空間学 (proxemics)
	時間を対象とする	時間概念学 (chronemics)

東山, 2020, pp. 23-24を基に作成。

表13　非言語コミュニケーションの各分野が扱う研究対象

研究分野	研究対象
パラ言語学	話し手の声の高さ，声の大きさ，話す速度，間の取り方，声の質，声の調子など
身体動作学	身振り手振り，ジェスチャー，顔の表情，視線の向け方，触れ合い，姿勢，歩き方など
近接空間学	空間や場の捉え方，縄張り意識，座席の占め方，相手との距離の取り方，列の並び方など
時間概念学	時間に対する捉え方（時間厳守，スケジュールの組み方が直列型か，並列型か）など

東山，2020，pp. 22-23を基に作成。

　私たちは，「非言語コミュニケーション＝身振り手振りやジェスチャー」と思いがちです。しかし，表13が示す通り，身振り手振りやジェスチャーは，非言語コミュニケーションのうちのごく一部を指しているにすぎません。非言語コミュニケーションを行うための手段は，他にも多くのものがあるのです。

6.1.3　非言語コミュニケーションの重要性

　前述した通り，私たちはコミュニケーションと聞くと言語によるコミュニケーションだけを考えがちです。しかし，コミュニケーションが行われる場では，言語コミュニケーションと非言語コミュニケーションが「一体化し，相互に助け合い，補い合いながらメッセージを伝えて」いるのです（東山，2020，p. 28）。

　基本的に，言語コミュニケーションは意識的に行われますが，非言語コミュニケーションは無意識的に行われます。そのため，話し手の言語メッセージが非言語メッセージと食い違っている場合，その人の本当の気持ち，すなわ

ち本音は非言語メッセージに表れます。バードウィステル（1970）は，同じ
文化圏に属する2人の人物がお互いに母語を使って対面でコミュニケーショ
ンを行っている場合，全体のメッセージの量を100%とすると，言語による
量は30〜35%で，残りの65〜70%は非言語によるものと指摘しました。さ
らに，メラービアン（Mehrabian）（1968）は，相手に感情を伝えようとす
る場合，言葉（言語情報）が7%，声（聴覚情報）が38%，顔の表情（視
覚情報）が55%という割合で伝達機能を担っていると指摘しています。こ
こでは，声や顔の表情という非言語による伝達手段の占める割合が93%に
まで達しているのです。このように，対人コミュニケーションにおいて，非
言語伝達手段の担っている役割は大変大きなものなのです。ただし，バード
ウィステルやメラービアンの研究は半世紀以上も前のものです。また，メラー
ビアンの示した数字は，視覚，聴覚，言語のそれぞれから得た情報が互いに
矛盾していた場合，という条件のもとで報告されたものです。そのため，両
研究の結果は拡大解釈されないよう慎重に扱われるべきであることを補足し
ておきます。

6.1.4　非言語コミュニケーションの普遍性と固有性

　人間は動物の一種です。非言語による伝達手段の中には，人間が「動物か
らの名残として遺伝的にプログラム」された生得的なものがあり，これらは
「文化を超えて，あらゆる人種が共有している」ものと言えます（福田，1997，
p. 102）。
　福田（1997）は動物から受け継いだ非言語伝達手段の例をいくつか挙げて
います。たとえば，ニホンザルの場合低い地位にあるサルは優位のサルとは
目を合わせないようにしますが，人間にも同じ傾向が見られます。また，ヒ
ヒは怒りを感じたとき唇を下に引きますが，人間も怒ったとき同様の表情を
します。

　エクマン・フリーゼン（Ekman & Friesen）（2020）は，人間の顔の表情には，驚き，恐怖，嫌悪，怒り，幸福，悲しみを表す基本的なパターンがあり，これらは民族を超えて普遍的なものと述べています。また，福田（1997）は，ヘス（Hess）（1965）らの研究に言及し，人間は関心があるものを見たときには，瞳孔が自然と開くと指摘しています。

　非言語による伝達手段には，このように生得的で普遍的なものがある一方，後天的に身につけるものもあります。日本で育った子供は，日本で使われている伝達手段を身につけていきます。エクマン・フリーゼン（2020）は，感情を表す表情には基本的なパターンがあるものの，文化によりそうした感情を表す「表出ルール」が異なるため，実際の顔に表れた表情には，抑制したもの，誇張したものなど違いが見られると述べています。つまり，表出の度合いには文化固有の特徴があるのです（東山，2020）。さらに近年では，基本的表情は，東アジア人では目元に，欧米人では口元に現れやすく，相手の表情を読みとる際に注目する部位も東アジア人は目元であるのに対し欧米人は口元であるという研究結果も報告されています（山口，2021）。

6.2　非言語コミュニケーションのさまざまな分野における日本と海外の文化の比較

　ここでは，非言語コミュニケーションのさまざまな研究分野において扱われている研究対象項目のうちのいくつかに焦点を当て，それらの項目に見られる日本と海外の文化を比較してみます。日本で使われている非言語による伝達手段が海外では使われていない固有のものであったり，また海外では別の手段を使っていたりする場合，コミュニケーションが阻害される要因となる恐れがありますので注意が必要です。

6.2.1　パラ言語学との関連から

6.2.1.1　発声

　欧米では，show & tell，スピーチ，プレゼンテーション，ディベートなど発表活動（production）を重視し，教育においても発表活動の技能を育成することに力を注いでいます。欧米におけるこうした教育の背景には，自分の考えを論理的に伝えることを求めているという社会的要請があるのです。

　特に，国民を率いる人々にとっては，自らの信条を論理的に主張し，聴衆を説得する技術は必要不可欠のものとなっています。『英国王のスピーチ』（*The King's Speech*, 2010）は，英国王であったジョージ 6 世を描いた映画です。ジョージ 6 世は吃音に悩まされ，これを克服するために言語療養士と自称するローグの治療を受けるようになります。第二次世界大戦が始まり，ジョージ 6 世は国民に向けて一致団結を呼びかける演説をラジオで生放送することになります。緊張しつつも，ジョージ 6 世はローグと息を合わせて，明確な発声により見事な演説を完遂します。演説が国民を団結させる上でいかに大きな意味を持っているのかを気づかせてくれる映画です。

　また，『マーガレット・サッチャー　鉄の女の涙』（*The Iron Lady*, 2011）は，イギリスのサッチャー首相を扱った映画です。下院議員であったサッチャーは女性議員が少ない中，保守党の党首になるよう促されます。そこで，強い女性のイメージをつくり上げるために，低く，強く発声するためのボイストレーニングを受けます。

　筆者が滞在したことのある北米の町にある病院や大学には，発声や発音に問題を抱える人々を支援する speech therapist（言語療養士）が常駐していました。大学には近隣に住む子供も定期的に通ってきました。この状況からも話すことが生きる上でいかに重要であるかがわかります。

6.2.1.2　沈黙と間

　コミュニケーションはコンテクスト（文脈）の影響を受けます。コンテクストとは「コミュニケーションが起こる物理的，社会的，心理的，時間的な環境」やコミュニケーションを行う当事者同士の対人関係を含みます（岡部，1996，p. 54）。コミュニケーションにおいて，メッセージを記号化し，あるいは解読するに当たり，どの程度コンテクストに依存するかは文化により異なります（ホール，1993）。日本のような高コンテクストの文化では，情報は文化の成員の間で共有されるため，話し手は明確にメッセージを言語化しなくても，聞き手は話し手の意図を察してくれます。一方，アメリカを含む低コンテクストの文化では，前提となるコンテクストが限られているため，話し手は自身の意図を明確な言語メッセージとして伝え，聞き手は言語化されたメッセージを頼りに話し手の意図を理解します。このようにコンテクストへの依存度と言語化の度合いは反比例の関係にあり，高コンテクスト文化の人と低コンテクスト文化の人がコミュニケーションをする際，さまざまな困難が生じます。その一例は，コミュニケーションにおける沈黙をめぐるトラブルです。

　アメリカでは沈黙は避けるべきものとみなされています。自分の意見を言わず，沈黙をしている学生は否定的な評価を下されがちです（西田，1989；八代，2009）。日本の学校では，伝統的に，教師と生徒が対話をしたり，生徒同士が討論をしたりするという形式の授業ではなく，生徒は教師の言うことを黙って静かに聞いてノートを取り学ぶというスタイルの授業が行われてきました。そのため，アメリカに留学する日本人学生は，しばしば授業で発言することに苦労します。また，逆に，日本の学校で教え始めた英語を母語とする先生が，日本人学生が一様に発言をしないことに大変戸惑うという場合もあります（小池，2009）。筆者も勤務先でこのような状況を見聞きしたことがあります。これも日本とアメリカの授業の進め方の違いから生じた異

文化摩擦と言えます。

　さらに日本人の学生は外国人教師から英語で質問されて答えるとき，自信のなさから声が小さくなりがちです。学生の言ったことが教師に通じなかった場合，単に学生の声が小さかったために，教師は物理的に聞き取れなかっただけかもしれません。山本（2001）は，日本人は発話において発声が不十分で音量が小さいため，アメリカ人にとって「日本人の声はソフトボイスで聞き取りにくい」と感じることが多いと指摘しています（p. 55）。このように声の音量が問題だっただけにも関わらず，学生は自分の英語力不足のせいだと思い込み，ますます萎縮して声が小さくなってしまうという結果を招くことがあります。しかし，最近では日本人の学生の傾向を事前に理解してから来日する外国人教師も増え，状況はだいぶ改善されてきました。

　また，日本人学生はアメリカ人学生と会話をする場合，発言の順番（turn-taking）を取ることに困難を感じます（岩田，1998）。アメリカ人の場合，相手が発言中でも，あるいは相手が少しでも発言に間を入れると，発言してきます。日本では，原則として相手の発言が終わるまで待ってから発言をすることになっており，これが相手に対しての礼儀ともなっています。そのため，日本人がアメリカ人と話すと，外国語である英語で話すという負荷に加えて，自分の発言するタイミングがつかめないという困難により，会話や話し合いに積極的に参加できず，相手に自分の意志や考えを十分に伝えることができなくなりがちです。

6.2.1.3　生理的現象としての音

　生理的現象としての発する音は，その種類により異なる文化圏ではマナー違反となってしまう場合があります。日本では会話中あくびをすることは，相手の話に興味がないことを意味し，失礼な行為に当たります（小池，2009）。しかし，あくびが日本ほど失礼に当たらない文化圏もあるようです。筆者も，カナダ人の年長の先生が私と話しているときにあくびをして，戸惑った覚え

があります。

　欧米では，鼻をすする音は，できるだけ避けようとする生理現象としての音の1つです。欧米人は，鼻をすするのであれば，一気にハンカチで鼻をかむことを選びます。また，日本では，麺類の中でも，特にそばやラーメンを食べるときは，音を出してすすります。欧米では，食事はできるだけ音を立てないというマナーがあり，スープやコーヒーを飲むときにも気をつけます。また，満腹になってもゲップをするのはマナー違反です。一方，アルジェリアでは，食事に招かれたゲストは，食後には「御馳走様，おいしかったです」という感謝をホストに対して表すためにゲップをすることがマナーだとされています（高浜，2021）。所変われば，マナーも変わるということをよく表している事例と言えます。

6.2.2　身体動作学との関連から

6.2.2.1　身体動作の分類

　エクマン・フリーゼン（2020）は人間の身体動作をいくつかの種類に分類しています。その中の表象体（emblem）は，言語の代用機能を担っているものです。たとえば，口の前に人差し指を立てれば「静かに」という意味を表します。例示体（illustrator）は，強調したい言語メッセージに伴って使われる動作です。スピーチをしているときに手や指を使って強調したり，道案内をするときに手で方向を示したりする場合に使われます。適応体（adaptor）は，無意識に使われる動作で，不安や苛立ち，恥ずかしさなどを感じているときに行う逃避行動が含まれます。たとえば苛立ちを感じているときの貧乏ゆすりがその一例です。

6.2.2.2　しぐさとジェスチャー

　しぐさとジェスチャーには，普遍的なものもあれば，そうでないものもあ
ります。普遍的ではないものは，（1）ある文化に特有なものと（2）同じ
ジェスチャーが文化によって異なる意味を付与されているものがあります。
これら（1）と（2）に属するものは，上記の3種類のジェスチャーのうち，
表象体に多く認められます。それでは，まず，特定の文化で特徴的にみられ
るジェスチャーについて考えてみましょう。

6.2.2.3　ある文化に特有のジェスチャー

　東山・フォード（Ford）（2016）は，日本人とアメリカ人を対象としたア
ンケート調査から得られた知見を『日米ボディートーク　身ぶり・表情・し
ぐさの辞典』（増補新装版）としてまとめています。さらに，東山（2020）
は，「アメリカ人には通じない日本人のジェスチャー」と「日本人が理解で
きない，真似できないアメリカ人のジェスチャー」のいくつかを紹介してい
ます。表14は，アメリカ人には通じない日本人のジェスチャーのうちのいく
つかについて，日本人側の意図とアメリカ人側の解釈を示したものです。

表14　アメリカ人には通じない日本人のジェスチャーの例

ジェスチャー	日本人の意図	アメリカ人の解釈
鼻を指差す	私	鼻がかゆいの？
招き猫型手招き	こっちに来て	あっちに行って
手刀	前を失礼	理解できない
両手合わせ	頼む，悪い，ごめん	祈っているの？
両腕交差	ない，ダメ	理解できない
人差し指交差	できません，お勘定	理解できない

東山，2020，pp. 170-174を基に作成。

　次に，日本人が理解できない，あるいは真似できないアメリカ人のジェスチャーのいくつかを眺めてみましょう。表15には，アメリカ人側の意図と日本人側の解釈を記してあります。

表15　日本人が理解できない，真似できないアメリカ人のジェスチャーの例

ジェスチャー	アメリカ人の意図	日本人の解釈
指十字	幸運を祈る	えんがちょ （不浄なものを防ぐために子どもたちが囃し立てるときに使う）
人差し指と中指による引用符（" "）	特別な意味がある言葉	理解できない
両手払い（手首を交差し両手ではらう）	すべて	セーフ？
頬の触れ合い	大人や子供に対する愛情，感謝，祝福の表現	子供に対する愛情表現
机に腰掛ける	リラックス（教師も生徒もとる姿勢）	行儀が悪い
靴を履いたまま机に両足を載せる	リラックス	相手に失礼

東山，2020，pp. 176-180を基に作成。

　文化が異なる人とコミュニケーションをする場合は，同じジェスチャーでも意味が違うと相手には伝わらなかったり，誤解を与えたりしてしまうこともあるので注意が必要です。

6.2.2.4　接触行動と挨拶

　表15が示す通り，欧米では触れ合いは重要な伝達手段となっています。アメリカでは日常生活のさまざまな場面でハグをします。バーンランド

(Burnland)（1979）は，日米の大学生を対象に，身体のさまざまな部位の接触の度合いを調査しました。具体的には，父親，母親，同性の友人，異性の友人と，どの部分に，どの程度接触したことがあるかを調べました。その結果，接触の頻度が多かった身体部位は日米共に頭であり，手，肩，額と続きました。しかし，接触の度合いを調べてみると，アメリカ人は日本人の約2倍に及んでいました。アメリカ人は，父親に対する接触頻度が最も低いことがわかりました。しかし，その頻度は，日本人にとって最も接触頻度の高い相手であった異性の友人に対する頻度を上回る数値でした。つまり，日本人は，アメリカ人に比べて，はるかに接触を避ける傾向にあることが判明しました。

　接触行動は挨拶の方法にも関係しています。欧米では握手の他，ハグや頬の触れ合いが用いられます。特に，ラテン系の人々は接触の頻度が高く，頬を触れ合って挨拶を交わします。筆者はカナダのモントリオールに滞在したことがありますが，モントリオールはフランス系の住民が多くを占める都市です。そのため，人々はお互いに頬を触れ合って挨拶していましたが，非接触型文化圏から来た筆者は，この挨拶の仕方には最後まで慣れることができませんでした。また，マオリ（ニュージーランドの先住民族）の人々は鼻と鼻を触れ合って，挨拶をします。マオリ族の少女が主人公を演じた『クジラの島の少女』（*Whale Rider*, 2002）では，マオリの人々がこうしたスタイルで挨拶をする場面が描かれています。

　一方，ハグはアメリカではよく見られる挨拶の方法ですが，同じ英語圏でもイギリスでは，ハグは家族や親しい人の間でのみ行われる挨拶の仕方です。イギリスの故エリザベス女王がアメリカを訪問した際，アメリカ人の女性が女王をハグしたことがあり，話題となりました（小池，2009）。この「事件」について，筆者のドイツ人のホストマザーが大変驚いたと言っていたことを覚えています。アメリカはヨーロッパに比べると，形式的な作法にこだわりません。エリザベス女王に対しては，オバマ元大統領夫人のミシェル・オバ

マも女王の肩に腕を回し，王室のプロトコールに違反していると批判された
ことがあります。後に，オバマ夫人（2019）は，女王はこの行為を気にして
いなかったと回想していますが，ついアメリカ的な親しみを表す動作をして
しまったのだと思われます。アメリカ人のメーガン妃は，結婚前にさまざま
な場面でイギリス人にハグし，批判されたことがありました。すると，彼女
は"I am American, I hug."（「私はアメリカ人だからハグする」）と主張し
たと伝えられています（木村，2018）。同じ英語圏でも，アメリカとイギリ
スでは，挨拶の仕方が異なることがわかる事例です。

　日本では，通常お辞儀をして挨拶をします。正式な場面や相手が身分の高
い人である場合ほど，頭を低く長く下げて挨拶をします。ぞんざいに頭を下
げることはマナー違反とされます。オバマ元大統領が2009年に日本を訪問し，
天皇陛下にお目にかかった際，日本式のお辞儀をして挨拶をしました。しか
し，この挨拶がアメリカで批判を招くことになってしまいました。アメリカ
では，頭を下げることは服従を意味し，オバマ元大統領のお辞儀はアメリカ
の尊厳をおとしめる行為であるとみなす意見があったからです（AFPBB，
2009）。

　ミュージカルや映画にもなった『王様と私』（*The King and I*, 2019）は，
シャム（現在のタイ）のラーマ4世と教育係としてイギリスからやってきた
アンナが，文化の違いによる衝突を乗り越え，お互いを理解していく過程を
描いています。この中で，王に対し，人々が平伏して挨拶をする場面があり
ます。このような挨拶は，絶対的服従を表すものとして批判的に描かれてい
ます。欧米では，自分の体を低く小さく見せることは，服従を意味し，お辞
儀もその一種とみなされるのです。筆者はロンドンでミュージカルの『王様
と私』を見ましたが，その中でもシャムの人々が王に平伏する姿に対して，
アンナが反発を強める場面がありました。お辞儀の習慣があり，時代劇での
平伏の場面を見慣れた日本人の筆者としては，このスタイルにはあまり抵抗
はなく，むしろ異国の習慣を頭から批判的に捉える描き方に違和感を覚えた

ものです。

　日本ではお辞儀は日常的に頻繁に行われる動作です。近所の人に道端で会っても「こんにちは」と言って会釈し，学校の廊下で生徒が先生とすれ違うときも「おはようございます」と言って頭を下げます。時々，英米人と初対面の挨拶をするとき，筆者も含めて日本人は握手をしながらお辞儀をしてしまいがちです。それほど，お辞儀は挨拶の動作として日本人には身についている動作と言えます。

　なお，欧米人の中には，日本では，合掌してお辞儀をして挨拶をすると誤解している人がいます。この動作はインドやタイで行われる挨拶の仕方です。筆者もアメリカで「こんにちは」と言いながらこの挨拶をされたことがあります。日本では仏教の僧侶がする挨拶の仕方であり，一般の人々は神社やお寺でお参りをするときに行う動作です。

6.2.2.5　姿勢

> Q22：あなたは就職活動の面接の場面では，どのような座り方をしますか。

　日本の就職面接時の座り方を記した記事には，男性は，足は肩幅程度に広げ，手は軽く握って膝の上に置くことがマナーであると記されています。女性は，膝とかかとを揃え垂直に座り，手は太ももの上で重ねるようにと書かれています（就活の未来，2020）。男性も女性も足を組むことは厳禁です。筆者も正式な場面では，背中を背もたれにつけないようにと習いました。

　これに対して，アメリカでは，挨拶の動作にも見られるように，平等で親しさ，すなわち friendly であることが1つの礼儀とされています。そのため，面接やインタビューなど正式な場面でも日本にくらべかなりリラックスした姿勢をとることで，自信と余裕がある態度を示します。椅子には深く座り，

男性も女性も脚を組み，手を膝の上に置きます。このように座ると，立ち上がるのが難しくなるため，相手を攻撃する意志がないことを示すという説もあります。

　一方，イギリスでは，王室の女性は足を組みません。王室の女性の正式な座り方は，両足を少々斜めに揃えますが，これは Duchess Slant と呼ばれます（ランサム，2020）。これに加えて，足首を交差することもあります。こちらは Cambridge Cross と呼ばれるそうです。この両足を斜めに揃え足首を交差する座り方を，筆者はなかなかイメージできなかったのですが，映画『クイーン』（*The Queen*, 2006）の中で，ブレア夫妻が首相就任の挨拶をするためにバッキンガム宮殿を訪れた場面で，エリザベス女王とブレア夫人がこの座り方をしたのを見て初めてこの姿勢を理解できたのを覚えています。この座り方は，慣れないと座る際も立つ際もむずかしい動作だと感じました。

　アメリカ人の男性にとって足を組むのはごく普通の座り方なのですが，ときには片方の足のくるぶしを反対の足の膝の上に置くこともあります。この座り方はアジアや中東では注意が必要です。あるとき，筆者の勤務先にアメリカから来た教授が，電車の中でこの座り方をして，隣に座った人や前に立った人に靴が触れないかと心配したことがあります。勿論この教授は日本でのマナーを知らなかっただけで，それとなく告げたところすぐに足をおろしてくれました。また，タイでは足の裏を相手に見せる行為は侮辱と捉えられることがあります（小池，2009）。中東では，靴には外界の汚れがついているとみなされ，モスクに入る前には靴を脱いで足を洗います。そのため，靴を相手に投げつけるという行為は侮辱を意味します。表15でも示しましたが，アメリカでは学校の教室内で，先生や学生が靴を履いたまま机に両足を載せるという動作が見られます。しかし，日本でこのような動作をしたら，ただちに注意を受けるでしょう。日本ではかつては畳の上に座る生活が主流でした。そこでは，足は折り曲げてたたむものであり，投げ出して良いものではなかったのです。

6.2.2.6　表情

　6.1.4 でも述べましたが，驚き，恐怖，嫌悪，怒り，幸福，悲しみを表す
顔の表情は人が種として共有している普遍的なものとされていますが，その
表出方法には違いが見られます（エクマン・フリーゼン，2020）。

　東山（2020）は，日本人が理解できず真似できないアメリカ人の表情とし
て，両目を大きく広げて眼球を回す「眼球回し」と，上下の歯をかみ合わせ
て見せる「むき出し歯」を挙げています。アメリカ人にとって，前者は「や
れやれ，呆れた」という感情を表し，後者は激しい怒りを表します。日本人
はこのような表情はしません。

　一方，日本人がよくする表情には，恥ずかしかったときや当惑したときに
する微笑みがあります。しばしば，日本人は何も言わずにこの微笑みだけを
することがあるので，外国人には意図がわからず理解が困難になります。一
般的に，欧米人にくらべて日本人は，表情による感情の表出が抑制されてい
ます。しかし，日本人の男性スポーツ選手の中には優勝したときにうれし涙
を流す人がいますが，欧米人にはあまりこうした姿は見られません。韓国や
中国では，お葬式において大声で泣いて悲しみを表す役割を演じる泣き女と
呼ばれる人がいます。日本でもこの習俗は戦前までは見られましたが，次第
に消えていきました（立石，2010）。

6.2.2.7　視線，あいづちと口もと

　欧米文化では視線は重要な意味を持っています。アイ・コンタクトとは相
手の目を見る行為を指しますが，筆者を含め日本人にはアイ・コンタクトが
苦手な人が多いようです。アイ・コンタクトが苦手な人向けに，面接では，
面接官の首やネクタイの結び目を見るようにというアドバイスもあります。
欧米では相手の目を見ることは誠実さを表します。筆者はカナダで毎日バス
に乗っていましたが，誰もが乗車時に運転手の目を見て挨拶をしていました。

また，運転手も乗客同士も視線が合うと，微笑みを返していました。この一連の行為を見て，アイ・コンタクトと微笑みという行為により，「私は危険な人物ではありません」ということを相手に知らせているように感じました。

　欧米では，会話中もアイ・コンタクトは誠実さを表し，「私はあなたの話を真剣に聞いています」ということを示しています。そのため，目をそらすことは，興味や関心がないことを意味してしまい，話し手からの信頼を失う危険性があります。一方，日本では話し手に対して関心を示すジェスチャーは，あいづちです。日本人はアメリカ人に比べてはるかにあいづちを多く打ちます。日本人のあいづちがアメリカ人のアイ・コンタクトに相当すると言えるのかもしれません。

　小池（2009）は，日米におけるアイ・コンタクトの持つ意味の違いに関連して，日本の学校で掃除をさぼった小学生を教師が注意したときの逸話を紹介しています。注意をされた小学生の中にアメリカからの帰国生がおり，その生徒はアメリカでは教師から注意をされたときはしっかりと教師の目を見て話を聞くようにと教えられていたそうです。そのため，その帰国生は日本人の教師から注意を受けたときも，教師の目をしっかりと見て自分が反省していることを示そうとしました。そうすると，教師は「何ですか，その反抗的な態度は！」と言って，余計に怒りを爆発させてしまったとのことです。日本では，相手の視線を避け頭を下げることが反省を示す動作であるためです。これは，日米のアイ・コンタクトが持つ意味の違いから生じた衝突の事例です。

　アイ・コンタクトと共に気をつけなければならないのは，手で口を覆いながら話したり，笑ったりする動作です。口を覆いながら笑う動作は，特に日本人の若い女性に多く見られますが，この動作は，欧米人に「控え目である」といった印象を与えることはなく，自信のなさを表すことになってしまいます（ランサム，2020）。また，欧米人は，相手の目を見るのと同時に，相手の口もとも見ながら会話をすると言われています（山口，2021）。したがっ

て，口を覆うことは，欧米人とってはコミュニケーションを阻害することになってしまうのです。このことが，2020年に新型コロナウイルス感染症が世界を襲った際，欧米人の中にはマスク着用に抵抗感を示す人々が多かったことの一因になっていたのだと思われます。阿部（2021）は，日本人英語学習者がリスニングの力を高めるためには，英語話者の口の動きに注目し，目と耳の両方を使って音声言語を捉えるための練習を行うことを勧めています。

6.2.2.8　文化により異なる意味に解釈されるジェスチャー

> Q23：OK サインと V サインは，海外では思わぬ問題を引き起こすことがあります。なぜでしょうか。

　同じジェスチャーが文化により異なる意味を持つ例として，よく取り上げられるのが，OK サインと V サインです。

　親指と人差し指で丸を作る動作は，日本では「OK，大丈夫」あるいは「お金」を意味します。しかし，ヨーロッパには，このサインが否定的な意味を持つ地域があります（モリス〔Morris〕，1992；東山，2020）。たとえば，フランスやベルギーでは「ゼロ」「価値のない」ことを意味します。その他，地域によっては，「穴」や「脅かし」の意味も持っています。ブラジルでも同様に，このサインは侮辱を意味します。したがって，このサインの海外での使用には十分気をつける必要があります。

　V サインは，人差し指と中指で V の字を作るジェスチャーです。日本では，写真を撮るときに，特に若者が揃って V サインをします。その他，このサインは勝利，平和，数字の 2 も表します。日本では，通常このサインは手の平を相手に向けて使いますが，自分に向けても特に意味は変わりません。アメリカでは，ベトナム戦争に反対する若者たちが「ピース」と言いながら V サインを掲げて抗議をしたので，このサインは「ピースサイン」とも言わ

れています。

　しかし，モリスほか（1992）は，Ｖサインは性的な意味も表すことがあると指摘しています。さらに，イギリス，アイルランド，オーストラリア，ニュージーランドでは，手の甲を相手に向けたＶサインをすると，相手を侮辱することになってしまいます。そのため，これらの国で写真を撮るときには注意する必要があります。なお，同じ英語圏でもアメリカでは，侮辱の意味はないようです。ただし，アメリカでは，人差し指と小指を立て，手の平を相手に向けると侮辱の意味になります（北出，1998）。

　アメリカの歴代大統領にはサインを多用する人物がいましたが，国外でのサインの使用では失敗もしています。ブラジルを訪問した際，ニクソン元大統領は OK サインをしましたが，これはブラジルでは性的な侮辱を意味するため，激しい非難の応酬にあってしまいました（小池，2009）。また，ジョージ・Ｈ・Ｗ・ブッシュ元大統領は，1992年にオーストラリアを訪問した際，手の甲を相手に向けたＶサインをしてしまい，同じく非難を受けたとされています。

6.2.3　近接空間学との関連から

6.2.3.1　対人距離

　動物と同様，人間も縄張り行動をします。私たち人間も，自分のまわりに他人に侵入されたくない領域を持っています。この領域は，状況や相手との関係により膨張したり伸縮したりするので「ボディバブル」と呼ばれます（小池，2009）。人は相手によって，無意識にこのバブルの大きさを調節し，自分にとって心地良い対人距離をとっているのです。

　ホール（1970）は，アメリカの北東沿岸部の中流階級の人々を対象に対人距離についての調査を行いました。ホールは調査の結果，対人距離を4種類

に分類し，さらにそれぞれの距離を近接相と遠方相に分けて示しました。表16は，ホールの提示した対人距離をまとめたものです。ここでは，4つの対人距離の特徴を理解しやすくするために，近接相と遠方相に分けずにまとめてみました。密接距離と個体距離は親しい相手との間で用いられる対人距離であるため，むやみに他人が侵入すると生理的な不快感が生じてしまいます。

表16　対人距離の種類とその特徴

対人距離	距離	特徴	相手と目的
密接距離	0〜45cm	身体接触が多く，ささやき声が使われる。五感を使って相手とコミュニケーションをとる。	特に親しい相手との愛撫，慰め，保護を目的とする。
個体距離	45〜122cm	手をのばせば触れ合える。声の大きさは中程度である。	他人に入り込まれたくない自分を守るための防護領域域（ボディバブル）として機能する。
社会距離	122〜366cm	相手には触れることができない。声の大きさはやや大きい。	業務上，社交上の非個人的用件に関する形式的な対話を行う。相手を遮断することができる。
公衆距離	366〜762cmかそれ以上	接触は不可能となる。ゆっくり，はっきり，大きな声で，誇張された話し方をする。	演説や講演会で使われる。

小池，2009，p. 140と東山，2020，pp. 70-72を基に作成。

　距離の取り方はコミュニケーションに影響を与えます。アメリカ人はハグなどの接触行動を頻繁にとるので，日本人より対人距離を短く設定する傾向にあります。実際，北米人，日本人，ベネズエラ人の対人距離を比較したところ，日本人，北米人，ベネズエラ人の順で個体距離と社会距離は遠いとい

うことが判明しています（小池，2009）。しかし，アメリカ人にとって日本のラッシュアワーの人混みはとても不快に感じられるようです。ラッシュアワーでは，他人が密接距離に侵入してくるからです。

　男女の対人距離を比較した研究では，相手が同性か異性かによって対人距離は変わってくることが判明しています。他人に近づいてきてほしくない距離（個体距離）を調べたところ，女性では，相手が同性である女性の場合より，異性である男性の方が長く，男性では，相手の性別には大きな違いがないことがわかりました（渋谷，1990）。筆者も，ゼミナールの学生を対象に，教室の一方の壁に背をつけて女性と男性の学生に立ってもらい，それぞれの学生に向かって，男子学生と女子学生に近づいていってもらう実験を行いました。立っている学生にはこれ以上近づいてほしくないと思ったら手を挙げるようにと指示したところ，立っている女性に男子学生が近づいたときの距離が最も長いものでした。女性に女性が近づいたときは，かなり接近しても気にはならないようでした。男子学生の場合は，男性でも女性でも距離には大きな違いがありませんでした。ゼミナールの学生はお互いを知っている関係ですが，これが知らない相手の場合は，近づかれた学生のボディバブルは膨らみ，さらに長めの対人距離を取ることが必要になってくるものと思われます。

6.2.3.2　空間

　ボディバブルは，身近な場面でもよく見られます。私たちは，電車に乗るとドアの近くの端の席に座ります。端の席が埋まっていた場合は，座っている人と隣り合わせにならないような席を選びます。自分のボディバブルがはじけないように，無意識に座席の選択をしているのです。

　また，講義を行うための大きめの教室では，教室の後ろ側に学生が集まって座っており，前の席には誰もいないということもあります。教師としては学生に嫌われているように感じて悲しいことですが，このような形で学生が座るのは，学生が大きなボディバブルを作って，教師との対人距離を大きく

取っているからです。

6.2.4　時間概念学との関連から

　ホール（1993）は，時間の捉え方には 2 種類あり，一つは「モノクロニック・タイム」（Monochronic Time）で，時間を直列式に捉え，一度にひとつのことを行うというスケジュールの立て方をします。もう一つは「ポリクロニック・タイム」（Polychronic Time）で，時間を並列式に捉え，スケジュールよりも人との関係を大切にし，複数のことを同時に行うような時間の使い方をします。前者は北米や北ヨーロッパで，後者は南ヨーロッパ，東南アジア，中東などでの時間の捉え方と言えます。

　北米では時間はモノクロニック的に流れるものとされ，スケジュールや締め切りを遵守することが強く求められています。筆者はアメリカに留学中，レポートの提出が 1 分でも遅れた学生が，先生に受け取ってもらえないという現場を何度も見たことがあります。アメリカでは，Time is money で，時間はお金と同様に大切なものです。金銭と同じように，時間は save time，waste time，spend time，すなわち，節約し，浪費し，費やすものなのです。

　現在の日本では，基本的に時間はモノクロニック的に流れています。学校では，遅刻や提出物の締め切りの遵守を教えられます。社会に出ても遅刻は厳禁であり，取引相手とのアポイントは時間通りに行い，納期や支払期日は遵守しなければなりません。多くの社会人は新年度が始まる前に新たなスケジュール帳を買い，自宅や会社にはカレンダーを掲げます。電車やバスは，時刻表通りに運行され，電車の到着が 1 分でも遅れると，鉄道員がお詫びのアナウンスを流します。筆者は，待つことが苦手な人間です。待ち合わせでの遅刻許容時間は15分間です。また，どんなにおいしいと評判の飲食店でも並んで待たなければならない場合は，待たずに入れる別の店を選び，味より時間を優先します。

　一方，ポリクロニック・タイムで生活している人々は，複数のことを同時に行おうとします。日本にもポリクロニック的な時間の使い方が見られる場面があります。たとえば，個室を設けていない歯科医院では，大部屋で１人の歯科医師が複数の患者の診察にあたり，あちらの患者，こちらの患者と泳ぐように診察をしている光景が見られます。また，ポリクロニック的な文化では，人間関係が重視され，スケジュールは流動的に捉えられ，いわゆるドタキャンも起こります。筆者も，数年前にゼミナールの学生が東南アジアからの留学生をランチに誘いたいということで計画をしていたところ，予定していた日の数日前に突然その留学生がランチの約束をキャンセルしてきたことがありました。理由を尋ねると，その日に母国から友人が会いに来るからということでした。日本人の視点から考えると，先に決めた約束事項が優先されます。また母国からの友人と会うのは，ランチが終わってからでも構わないのではないかと思ってしまいます。しかし，この留学生にとっては，長い付き合いのある母国からの友人との関係はとても大切なものでした。準備をしていたゼミナールの学生には，モノクロニック・タイムとポリクロニック・タイムの違いを説明して理解をしてもらいました。

6.2.5　ナップによる分類

Q24：あなたの好きな色は何ですか。また嫌いな色は何ですか。

　これまで，6.1.2における表13に記載された項目について眺めてきました。ナップ（Knapp）（1979）によると，非言語による伝達手段には，表13に記されたものの他，「体型，毛髪，皮膚の色などの身体的特徴」「衣服，化粧品，持ち物などの人工物」「建物や室内の光，照明，音，色など環境要素」も非言語的な伝達手段として機能しています。

6.2.5.1　身体的特徴

　身体的特徴としては，外見のうち，アメリカでは歯並びの良さには気を遣います。日本でも最近は歯並びの矯正を行う人が増えてきていますが，アメリカでは歯並びの矯正は子供のうちから行う習慣があります。また八重歯をかわいいとみなすこともありません。

　アメリカの女性のあこがれは金髪であり，そうでない色の髪の女性は金髪に染めることが多いようです。また，筆者の通っていた美容院の美容師によると，アメリカの美容室では髪の毛を染めることを専門に行うカラーリストが日本よりもはるかに多いということです。髪はイメージ戦略として使われることがあります。先に紹介した映画『マーガレット・サッチャー　鉄の女の涙』(*The Iron Lady*, 2011) では，サッチャーを保守党の党首にするために作戦を練るチームが編成されました。強く魅力的な女性リーダーのイメージを創るために，チームのメンバーがサッチャーに提案した戦略は，裕福な階級の女性の象徴と見なされていた帽子を被ることを断念し，金髪を魅力的に見せてアピールすることでした。

6.2.5.2　人工物

　人工物である服装については，アメリカでは個性と若さが魅力と考えられているため，特別な場面を除いては，アメリカ人はカジュアルで明るい色の服を好みます（北出，1998）。大学の教師もシャツとジーンズで授業を行うこともよく見かける光景です。

　宗教的習慣から，イスラム教徒の女性はそうでない女性とは異なる服装をします。ブルカ，チャドル，ヒジャブなどさまざまな形態がありますが，共通しているのは髪を隠すということです。しかし，髪を隠すのは，イスラム教徒の女性ばかりではありません。ロシアでも，ロシア正教の教会に入る際にはスカーフで髪を隠します。また，イタリアでも教会に入るときには，袖

のない服を着ている場合はスカーフで肩を覆います。タイでも，暑いからといって短パンやサンダルを身につけて出かけると，寺院に入る前の服装チェックで阻止されます。寺院は神聖な場所なので，上半身，下半身ともに露出の多い服装で入ることは認められていません。

6.2.5.3　環境要素

　環境要素の中の光については，欧米と日本では部屋の明るさに違いがあります。多くの場合，欧米のホテルやレストラン，および自宅の居間には，天井に電灯がなく，日本人にはとても暗く感じられます。日本人留学生は，必ずと言っていいほど，留学先に到着するとまず机に置く電気スタンドを買います。これは，生物学的に，アジア人の黒い目と欧米人の薄い色の目は，明るさを感知する程度に違いがあるためだと言われています（結城，2014）。日本人にとっては暗いと感じる光の量が，欧米人にはちょうど良いと感じる明るさなのです。筆者の教えた学生もアメリカに留学してから目が悪くなり，眼鏡を作ったと言っていました。夏になると欧米人はサングラスをかけて外出しますが，日本人は浜辺にいてもまぶしいとは感じても，サングラスをかけない人も多数います。日本にある外資系のホテルも，多くの場合，欧米と同じく部屋の照明が暗く，筆者は部屋に入るなりすべての照明をつけますが，それでも暗く感じてしまいます。日本人の目に対応した照明の明るさを検討してほしいと思ってしまいます。

　Q24に関連した色については，齋藤（2017）が興味深い研究をしています。齋藤は，さまざまな国々の人々が好む色に関する調査を行いました。その結果，色の嗜好の共通点として，調査したすべての国で好まれる色は青であることが判明しました。また，国によってタブーとなる色は異なりますが，唯一青だけはどの国においてもタブー色とはなっていませんでした。青からイメージされるのは，水，空，海であり，「生命の営みにとって大切で不可欠なものの色を，人間は人種や文化，環境要因を超えて普遍的に快く感じる」

のではないかと述べています（p. 14）。一方，心地よく感じない色について
は，くすんだ茶色が多くの国々で選ばれています。

　相違点に関しては，日本で好まれる色は上位から藍，白，赤の順となりま
した。藍色，紅色は植物性の原料から染色される色であり，日本が自然の恵
みを生かして染色技術を発展させてきたことがわかります。2位の白は日本
だけではなく，中国，韓国，インドネシアなどアジアでは嗜好色となってい
ますが，欧米では3位以内には入っていません。日本では神主の衣裳も白で，
ある種神聖な意味が込められています。しかし，欧米では白はおそらく色と
しては意味を持っておらず，持っているとすれば無を意味しているのかもし
れません。日本の住宅では，通常壁紙は白です。しかし，筆者がカナダで暮
らしていたアパートの壁はグリーンで，初めて見た時は驚きました。

　齋藤（2017）の調査結果によれば，アメリカで好まれる色は青，赤茶，赤
でした。いずれもはっきりした色です。興味深いのは，デンマークの結果で
した。デンマークでの嗜好色は青，オレンジ，赤でアメリカと類似していま
したが，嫌悪色は淡いピンク，クリーム色と薄緑でした。これらはパステル
カラーと呼ばれ，日本では好まれる色とされています。アメリカでもピンク
は嫌悪色としての第1位でした。

　日本で好まれる青，白，赤からイメージするものは何でしょうか。白と赤
の2色を使っているのは日本の国旗です。3色が使われているものは何かと
考えてみたところ，東京2020オリンピックのマスコットキャラクターである
ことに気づきました。ミライトワは白地に藍色の市松模様の衣を身にまとっ
ています。ソメイティは，紅色の触角を持ち，白地に紅の市松模様の衣を着
ています。このように，日本人の好む色でマスコットキャラクターは作られ
ていました。

6.3　学校や社会における非言語コミュニケーションの重要性

　日本の言語教育においては，従来書き言葉にくらべ，話し言葉は重視され
てきませんでした。そのため，スピーチやプレゼンテーションなど話し言葉
による発表（production）の技能を磨く機会は十分とは言えませんでした。
そのような状況に対し，英語教育の分野では，2008年に改訂された高等学校
学習指導要領外国語編（文部科学省）に記されているように，「英語表現I,
II」という科目が新設されるようになりました。この科目は，従来の「ライ
ティング」という科目に代わるものであり，さらに「オーラルコミュニケー
ションI, II, III」の内容も統合したものでした。以前の「ライティング」
はその名の通り，英語によるライティングの技能のみを育成する科目でした。
これに対し，「英語表現I, II」では，ライティング技能だけではなく，スピー
キング技能の育成も目標とされるようになりました。そのスピーキング技能
は，身近な話題について会話するというよりはさらに高度なレベルを目指し
たものとなりました。すなわち，論理の展開や表現方法の工夫を促しながら，
スピーチ，プレゼンテーションなどの発表技能を育成することが学習内容に
含まれることになったのです。さらに，2018年に告示された新学習指導要領
外国語編（文部科学省，2019）には，「英語表現I, II」は「論理表現I, II,
III」に改編されました。特に，「論理表現I」では，「英語表現I, II」をさ
らに発展させ，思考力，判断力，表現力の育成を柱として，スピーチ，プレ
ゼンテーション，ディベート，ディスカッションに重点を置き，発表能力の
一層の育成を目指したものとなっています。
　こうした発表活動においては，発表する内容が重要であることは言うまで
もありませんが，その内容を聴衆に効果的に伝えるための技能も重要視され
ています。そうした技能には，パラ言語学で研究されている話し手の声の大
きさや話す速度，間の取り方など，また身体動作学で扱われる姿勢や顔の表

情，アイ・コンタクトが関わってきます。山岸信義（2011）は，パフォーマンス学の立場から，これらの項目を英語の授業の中に取り入れることを主張しています。また，非言語コミュニケーションにかかわる要素は，スピーチやプレゼンテーションなどのパフォーマンス活動の評価基準としても使われています（松本佳穂子，2019）。たとえば，高見（2010）は，中学生による英語のプレゼンテーションを評価するためのパフォーマンス・ルーブリックを作成し，その中に声の大きさやジェスチャーといった非言語に関する項目を設け，評価基準を詳述しています。

　発表活動を重視する欧米では，小学校低学年から自分の身近にある事物をクラスメートに紹介する show and tell という活動を行います。その後，より高度なプレゼンテーションやディベートなどの指導が頻繁に行われています。

　社会においても，欧米では，議論や討論が民主主義の根幹を成すものとして重要視されています。それが，最も顕著に表れる一例が，アメリカ大統領選におけるテレビ討論会です。このテレビ討論会は，アメリカの大統領選挙での勝敗の行方を左右する決め手となります。討論会において，候補者は，確かな根拠を提示し相手を論破することにより，自らが大統領としてふさわしい人物であることを国民に訴える絶好の機会となっているのです。テレビというメディアが使われるため，候補者は討論の内容だけではなく，話す際の声の高さ，大きさ，質に注意を払います。さらに，顔の表情も大切な要素です。

　かつてニクソンとケネディが大統領選挙で争った際，テレビ・ディベートの実施後，それまで劣勢とされていたケネディの支持率が急速に上がりました。松本明日香（2008）は，ケネディのテレビ・ディベートでの勝利を「言語での説得に有効な手段である『レトリック』」と「映像での説得に有効な手段である『非言語行動』」という2つの観点から分析しています。ケネディは，巧みに隠喩を使いこなすといった言語手段と共に，姿勢，アイ・コンタ

クト，表情，手振りなど非言語手段を効果的に用いて，経験が乏しく未熟であると指摘されていた自らのイメージを払拭させることに成功していました。松本は，ケネディが「言語と非言語を融合して大統領像を形成していた」と結論づけています（p. 160）。日本の政治家は用意された原稿を読んでいる場合が多いのですが，非言語コミュニケーションにも目を向けて自身の主張に説得力を持たせる工夫が求められています。

　このように，学校においても，社会においても，さまざまな非言語コミュニケーションは重要な位置を占めているのです。筆者の先輩に「教員は役者であり，エンターテイナーである」と言った教師がいました。筆者のアメリカ人の恩師も，"Your students won't remember what you taught, but they remember how you taught." と言っていました。授業を行うにあたり，教師はまさに何を教えるかだけではなく，いかに教えるかにも留意する必要があります。声の大きさ，速度，間の取り方，ジェスチャー，アイ・コンタクト，すべてに気を配る必要があるのです。

第4部

言語コミュニケーションと非言語コミュニケーションの関係を考える

第 **7** 章

言語コミュニケーションと
非言語コミュニケーション

7.1 言語コミュニケーションと非言語コミュニケーションの一体化

　言語コミュニケーションと非言語コミュニケーションは連携してメッセージを伝えています。ここでは，両者がどのように関連があり，一体となっているかを考えてみたいと思います。

　第2部では言語によるコミュニケーションを扱いました。その中で，述べたことのいくつかを以下に取り上げてみたいと思います。

（1）英語の構文は，主体が客体に働きかける他動詞を用いるSVO型が基本だが，日本語では主体が表現されることがない場合もあり，自動詞が多用される。

（2）日本語では，呼称の使い分けには話者の視点の移動による共感が重要な要因となっている。

（3）日本語では，授受動詞の使い方にも話者の視点の移動による共感が重要な要因となっている。

（4）日本語では，英語にくらべ，暗示的な音表象ではなく，明示的なオノマトペの使用が多く，特に心情を伝える擬情語が多い。

　これらのことから見えてくるのは，西洋的なコミュニケーションでは，主体（話し手）が客体（聞き手）に積極的に働きかけるのに対し，日本的なコミュニケーションでは，話し手が聞き手と一体となって共感により，心情を伝えあうというスタイルを取っているということです。それぞれのコミュニケーション・スタイルのイメージは，第 2 部の 3.1.5 において図 4 として示したもの同様，図 7 のように表すことができるでしょう。

図 7　日本的および西洋的なコミュニケーション・スタイル

（A）日本的なコミュニケーション・ス　　（B）西洋的なコミュニケーション・ス
　　　タイル　　　　　　　　　　　　　　　　　タイル

　図 7 を非言語ミュニケーションの観点から眺めると，（B）のイラストが示す西洋的なコミュニケーションでは，2 人の人物（主体と客体）がお互いに対面し，アイ・コンタクトを取りながら直接コミュニケーションを取っています。これに対し，（A）のイラストが記す日本的なコミュニケーションでは，主体と客体という区別なく，二人の人物が横並びの形で何かを一緒に眺め，すなわち，視点を共有することにより，一体感を作り出していると言えます。やまだ（2005）の言葉を借りれば，西洋式コミュニケーションが「ヒ

トーヒト」の二項関係に基づいているのに対し，日本的なコミュニケーションでは「ヒトーモノーヒト」の三項関係により成り立っていると言えます。

　ここで，この図7で表した日本的なコミュニケーション・スタイルについてさらに説明していきます。

7.2　日本的なコミュニケーション・スタイルの特徴

7.2.1　座る位置

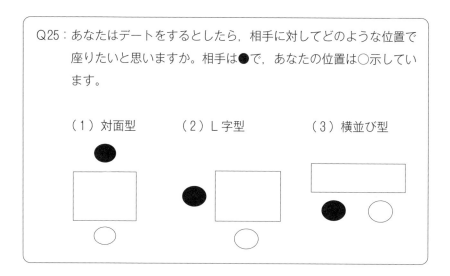

Q25：あなたはデートをするとしたら，相手に対してどのような位置で座りたいと思いますか。相手は●で，あなたの位置は○示しています。

（1）対面型　　　　（2）L字型　　　　　（3）横並び型

　6.2.2.7において，日本人の多くは，アイ・コンタクトが得意ではないということを述べました。それでは，アイ・コンタクトを避け，相手と円滑にコミュニケーションをするにはどのようにすればよいのでしょうか。

　Q25で示した（1）の対面型では，相手とコミュニケーションを取るにはアイ・コンタクトが必要となります。また，話し手と聞き手はお互いのボディ

バブルを維持した状態となります。（2）のL字型では，常に相手とアイ・コンタクトを取る必要はなくなり，それぞれのボディバブルは接触するようになります。（3）の横並び型では，さらにアイ・コンタクトの頻度は少なくなります。しかし，このスタイルでは，話し手と聞き手は，親密距離で座り，ボディバブルを共有することになります。ボディバブルを共有するということは，主体と客体の区別がなくなることであり，これは3.1.5で触れた「僕たち」「私たち」という主語が明示されない「一緒になろうよ」というプロポーズにつながるものと言えるでしょう。

　筆者は，「横並び型」の熱き支持者です。授業でQ25と同様のアンケート調査を行うと，横並び型を支持する学生が結構の人数で見受けられ，筆者としては同志を得たように感じています。日本ではこれまで，飲食店では，横並び式の席の配置はカウンター以外には見ることがありませんでしたが，2020年以降新型コロナウイルスの感染予防としてこのような配置を導入する店が増えました。横並び型支持者の筆者にとっては居心地が良くなりました。また，海外ではバー以外には，カウンター席が設置されているところは見かけませんが，日本では寿司屋や居酒屋にカウンター席があります。対面式に慣れている筆者の知人のアメリカ人が，居酒屋のカウンターで横並び式に座ることを体験し，その居心地の良さを新たに発見したと言っていました。また，病院やカウンセリングの現場では，対面型は敵対する形になりやすいので，患者との間の共感による信頼を醸成しやすくするためにL字型に机と椅子を配置することが多くなっています。次回病院で診察を受けるときには，机と椅子の配置に注意して観察してみてください。

7.2.2　映画と横並び

　筆者は映画を見るのを楽しみの 1 つとしているのですが，映画館に行くと，必ず宣伝用のチラシを収集してきます。洋画と邦画のチラシを比較すると，洋画のチラシは対面型でデザインされているのに対し，邦画は横並び型を使っているものが多いことがわかります。

　洋画のチラシの典型的なパターンは，『風と共に去りぬ』（*Gone with the Wind*, 1939）で，スカーレット・オハラ役のヴィヴィアン・リーとレット・バトラー役のクラーク・ゲーブルが向かい合っている姿を横から写したものです。この立ち位置はプロトタイプのようになっており，現在の洋画のチラシに至るまで見ることができます。

　一方，邦画のチラシによく見かけるパターンは，横並びで，『HERO』（2007）のチラシでは木村拓也演じる検察庁城西支部の同僚が皆横並びに一直線に立っています。ちなみに，この映画では，検事役の木村拓也と検察事務官役の松たか子がカウンターで横に並んで座っているラブ・シーンで終わります。

　時代を遡り，こうした横並びのシーンを多用した原点と思われる映画は，小津安二郎監督の『東京物語』（1953）です。特に有名なのが，子供たちを訪ねて尾道から東京に出てきた周吉（笠智衆）ととみ（東山千栄子）の老夫婦が，子供たちから歓迎されず，熱海の海岸で 2 人並んで座っているシーンです。2 人は熱海の海を尾道の海と重ね合わせて眺めながら，かつて子供たちと過ごして楽しく感じた日々が過ぎ去ったことを察知します。そして，この横並びで座った 2 人は，次のような会話をします。

　　とみ：京子ァどうしとるでしょうなァ……？
　　周吉：ウーム……。そろそろ帰ろうか。
　　とみ：お父さん，もう帰りたいんじゃないですか。

171

周吉：いやァ，お前じゃよ。お前が帰りたいんじゃろ。

周吉：東京も見たし，熱海もみたし――。

周吉：もう帰るか。

とみ：そうですなァ。帰りますか。（やまだ，2005，p. 85）

　やまだ（2005）は，この会話では，夫婦が「輪唱で同じ歌を歌っているような『かさね』の語りになっており……『カエル・コール』が交わされている」と指摘しています（p. 86）。やまだはこのような語りを「共存的語り」と呼び，「対話的語り」と対比させています。対話的語りは，「主体と客体が対面的に対峙してやりとりする」のに対し，共存的語りでは，「二人の主体が並ぶ関係に立ち，自己と他者の声は相互主体的で共鳴的に重ねられて」会話が進行していくと説明しています（p. 86）。この対話的語りは，まさに英語の主体と客体を明示し他動詞を基本とする構文に通じ，共存的語りは日本語の主体と客体が明示されない自動詞を基本とする構文を想起させます。また，対話的語りは，5.2で述べた水谷（2015）の「対話」に相当し，共存的語りは「共話」に相当すると言えます。

7.2.3　視点の共有：共感視

　さて，図7（A）では，日本式コミュニケーションとして，横並びで視点を共有し，何かを眺めるというイメージを示しました。北山（2005）は，母と子が描かれた日本の浮世絵に注目し，両者がどのように描かれているかを分析しました。その結果，母が子を抱いているなど多少の変化はあるものの，基本的に両者は隣同士の位置で，視点を共有していることがわかりました。北山はこの視点を共有する行為を「共視」と名付けました。では，視点を共有している先にあるもの，すなわち，母と子が眺めているものは何だったのでしょうか。実は，北山によれば，「浮世絵のなかの共視対象には，蛍，花

火，シャボン玉といった『面白い』がやがて浮かんで消える『儚い』もの」
が多かったのです（p. 23）。さらに「共有していた対象も，やがて消えてい
くものであり，二人のつながりの『うつろいやすさ』がそこに示されている
ようである」ということもわかりました（p. 23）。

　時と共に，子はやがて成長していき，母と子の関係も変わっていきます。
北山（2005）は，母と子が共に同一のものを眺める行為を「共視」と呼びま
した。筆者は，さらに，共に眺めて共に感じるという意味を込めて，「共感
視」という言葉を使いたいと思います。第 1 部で述べたように，日本的な世
界観は永遠を求める未来志向ではなく，現世志向です。日本的な世界観では，
共感視によるコミュニケーションが重視されていると言えます。すなわち，
親子であれ，恋人であれ，夫婦であれ，2 人は一緒に眺めている対象が「儚
い」ものであるということを知りつつも，共に視線を合わせ，その対象を眺
めている束の間の瞬間に得られる共感に幸せを見出しているのではないかと
考えられます。これが共感視です。

　図 8 は江戸時代の鈴木春信が，三十六歌仙藤原元真の和歌にちなみ描いた
浮世絵です。ここでは，母と子は触れ合うことなく，必死で逃げていく小鳥
の姿を共に見ています。落ち着きなく動く小鳥や背景にある木に積もった雪
は，共にとどまることなくやがて消えていくものを表しています。これに対
し，図 9 はアメリカ人画家であるメアリー・カサット（Mary Cassatt）が
描いた「入浴して」（《After the bath》）と題する絵画です。母と子は見つめ
合い，頬をつけて触れ合ってもいます。アイ・コンタクトと共にスキンシッ
プも使ってコミュニケーションをしているのです。

図8　鈴木春信「三十六歌仙　藤
　　　原元真」（1764-1772）

出典：国立文化財機構所蔵，東京国立
博物館，https://colbase.nich.go.jp/

図9　メアリー・カサット「入浴
　　　して」（《After the bath》），
　　　年不詳

出典：The Art Institute of Chicago所蔵，
総合検索システム https://www.artic.e
du/artworks/13524/after-the-bath/

7.2.4　コマーシャルに見る日本的コミュニケーション

　母と子だけではなく，父と子，夫婦，恋人にも同様の共感視は見られます。
筆者は，コマーシャル，映画の宣伝リーフレットを見ては，立ち位置を調べ
てきました。ここではコマーシャルを取り上げてみましょう。

　トヨタのホームページには，過去のテレビCMを集めたWebCMという
コーナーがあります。その中に，反町隆史が父親役を演じているトヨタヴォ
クシー（2010）の「"男旅" VOXY」と題するコマーシャルがあります。こ
のコマーシャルの中では，音声情報として，「男旅，同じ方向を向いて，向
き合うこと。父と子は男旅しよう」というナレーションが流れます。また同

時に視覚情報として，父と子が終始横並びになった映像が流れます。車の横
に父と子が並んで立ち海を眺めているシーンから始まり，次いで父が車を運
転し子供が助手席に座っているシーンとなります。最後は，再び並んで海を
見ながら露天風呂に浸かっているシーンになります。映像を通して，父と子
は終始横並びの位置を保っています。そして，２人が眺めるのは，永遠に不
変の風景ではなく，絶えず形を変える波が打ち寄せる海，あるいは刻々と変
わっていく車外の景色です。ナレーションの台詞である「同じ方向」を向け
ば，「向き合う」ことはできません。しかし，それを可能にするのが共感視
なのです。子どもも成長し続け，父と子という関係も日々変わっていきます。
そうした変化し続ける日々を景色に投影させ，その風景を共感視する一瞬の
時に価値を見出すことを可能にさせるのが VOXY という車であると主張し
ているわけであり，日本文化に深く根差したコマーシャルと考えられます。

　また，黄桜のコマーシャル（2021）にも共感視を認めることができます。
河童の夫婦が登場し，四季折々の風景を映し出した４種類のコマーシャルが
存在します。男女の河童は横並びになりながら，春には桜，夏には花火，秋
には紅葉，冬には雪を２人（２匹？）で眺め，２人の時間と場所，そして視
点を共有しています。桜，花火，紅葉，雪はすべてはかなく，いずれ消えて
しまうものです。また春夏秋冬と季節そのものも，時間と共にうつろい変化
するものです。

　さらには，春の風景を映したヴァージョンでは，「面と向かって今さら言
えぬ　メールで伝える『愛してる』」というナレーションが入っています。
夫である河童は妻の河童に「面と向かって」，つまりアイ・コンタクトを取っ
て直接「愛してる」とは言えないのです。そのため，メールという手段によ
り，間接的に自分の気持ちを伝えているのです。

　夏のヴァージョンでは，河童の夫婦は花火を見ながら日本酒で晩酌をして
います。夫は妻の肩を抱いています。ここでは，触覚により妻は夫の腕の暖
かさを感じ，また２人共に夏の暑さも感じています。聴覚により夜空に浮か

ぶ打ち上げ花火の音を聞き，視覚により花火の美しさを感じています。嗅覚により日本酒の香りを感じ，味覚によりその味を楽しんでいます。こうして，五感すべてを 2 人が共有し，非言語的手法により 2 人が気持ちを重ね合わせている様子を表していると言えます。

　このように，直接視線を合わせる西洋的なコミュニケーションとは異なり，日本的コミュニケーションにおいては，2 人が間接的に共通するものを見つめ，視覚以外の感覚をも共有することにより，相手の存在を意識し，一体感を感じるという傾向にあると言えるでしょう。こうした一体感は不安定なもので永遠に続くものではありません。しかし，永遠でないからこそ，互いにとって共有するものに価値があり，また共有しているときが貴重になってくると言えます。こうした文化的背景により，多くの日本人は古来より，春には花見をし，夏には花火を眺め，秋には紅葉狩りに出かけ，冬には雪景色を味わってきました。特に桜に対する思いは深く，これまでにも，J-Pop ではコブクロ，いきものがかり，森山直太朗らによって数多くの「さくらソング」が作られてきています。

7.2.5　ルポルタージュ番組に見る共感視

　共感視は母子，夫婦の間以外にも見られます。「にっぽん紀行　同じ空見上げて　大阪千里川土手」は，NHK が 2015年に放送したルポルタージュ番組です。

　大阪空港のそばを流れている千里川の土手には，頭の上を飛んで行く飛行機を至近距離で見ようとさまざまな人々が集まってきます。番組は，そうした人々の中の 3 人に焦点を当てて描いています。「土手のおかん」と呼ばれる園部さんは，離婚後鬱病を患い，二人の娘を養護施設に預けなければなりませんでした。「土手のおとん」である矢野さんは，自動車修理の仲介業を営みながら，仕事の合間に土手にやってきます。矢野さんは末期のがんと闘っ

ています。「土手ドル」と言われる矢田さんは，佐賀で美容師になったものの挫折し，大阪に来て一人暮らしをしています。3人は，年齢も生活環境も異なりますが，皆何らかの悩みを抱えています。

　3人は，千里川の土手で，横並びになって，そこに集まってきた人々と飛行機を眺めて一緒に時を過ごします。ここでも，視点は共有され，共感視をつくり出しています。加速して飛び立つ飛行機は，やがて消えていきます。頭上近くを飛んでいく飛行機の巨大な機体，飛行機が放つ轟音や風，ガソリンの匂いが，視覚，聴覚，触覚，嗅覚を通して一体感をつくり出しています。

　番組の後半では，土手ドルの矢田さんが再出発をするために土手の仲間に感謝の気持ちを込めたお別れの手紙を渡します。そして，最後にこれまで皆で眺めていた飛行機に，今度は自らが乗って大阪空港から新天地に向かって飛び立っていきます。その飛行機を土手の仲間たちは見つめて矢田さんを見送ります。

　筆者は何気なくこの番組を見ましたが，移り行くものに視点を重ね五感を通して一体感を生み出す共感視が描かれていることに気づきました。日本的コミュニケーションの姿を映し出した番組として，これまで，再放送を含め何度も視聴してきました。

7.2.6　絵画に見られる「はかないもの」の解釈の違い

　日本の浮世絵では，雪，蛍，シャボン玉，桜などはかないものが描かれています。こうしたものは，その「はかなさ」ゆえに美しさがあるとされています。また日本の屏風絵や襖絵には，伝統的に鳥，木，滝など花鳥風月が描かれてきました。自然の事物は永遠に存在するものではなく，鳥は飛び立ち，花は枯れ，滝の水は一瞬たりとも一か所にとどまってはいません。こうした自然の移ろいゆく姿に，日本の絵師たちは美を見出してきました。

　図10は，江戸時代のえびす講の様子を，石川豊雅が描いた浮世絵です。え

図10　石川豊雅「風流子供遊十二
　　　月　十月」

出典：公文教育研究会所蔵，小林（監
修）・中城（編）『江戸子ども百景』，2008
年，河出書房新社，p. 44。

図11　ダーフィット・バイリー「ヴァニタスの
　　　ある自画像」（《Self-Portrait with Vani-
　　　tas Symbols》）

出典：ウェブ・ギャラリー・オブ・アート，https://
www.wga.hu/cgi-bin/highlight.cgi?file=html/b/bailly/。

びす様は七福神の一人で，商売繁盛，五穀豊穣，大漁の守り神で，江戸では旧暦の十月にえびす様を祀ってご利益を祈願する戎講が催されました（くもん子ども浮世絵ミュージアム，2022）。家の中では男性がえびす様の像に祝いの膳を供えています。一方，子供たちは外でシャボン玉遊びに興じています。子供たちは，変わらぬ繁栄を祈るよりも，一瞬のうちに生じては消えていくはかないシャボン玉に魅せられて夢中になっています。

　一方，西洋絵画の歴史において，17世紀のオランダで市民階級の間で人気を得たジャンルは風俗画と静物画でした。こうしたジャンルの絵画においては，人生の虚しさを表す「ヴァニタス」をモチーフとした寓意画が描かれました。キリスト教の世界では，人間には必ず死が訪れ，現世で味わう楽しみもはかないものであるため，常に死を忘れるなという「メメント・モリ」の考え方がありました。一見単なる自画像や静物画に見える絵画にも，このメッセージが込められていることがあります。図11は，ダーフィット・バイリー（David Bailly）というオランダの画家が描いた「ヴァニタスのある自画像」（1651）です。ヴァニタスをモチーフとした絵画の中で，典型的に描かれる事物は頭蓋骨ですが，その他，いずれは枯れてしまう花，瞬間的に人を魅惑するとされた楽器，虚栄を表す宝飾類も描かれることがあります（宮下，2020）。バイリーの絵には，こうした事物がすべて描かれています。さらには，画面中央上部にはしゃぼん玉が浮いています。シャボン玉は透き通っていて美しいものですが，一瞬のうちに消えてしまうので，ヴァニタスを表すものとして描かれているのです。

　日本と西洋で，同じように，はかないものの代表としてシャボン玉が描かれてきたのは興味深いことです。しかし，それをどのように見て意味づけたかは，それぞれの文化的背景により異なっています。シャボン玉は，西洋ではこの世の栄華の虚しさを喚起させるものとして否定的に描かれているのに対し，日本では限りある時を共有することで得られるつながりや絆を象徴するものとして，むしろ肯定的に捉えられていると言えるでしょう。

7.2.7　日常にみる視点の共有

　7.2.1では，話し手と聞き手がとることのできる位置関係を取り上げ，横並び式について説明をしました。そもそも筆者がこの位置関係に興味を持ったのは，カナダのモントリオールに滞在していたときでした。当時ベビーカーに子供を載せて道を歩いている母親の姿をよく見かけました。そのとき，母親はベビーカーの中の赤ちゃんとアイ・コンタクトを取りながら，図12（A）のイラストが示すように，対面型の位置関係を取りながら歩いていました。そのとき，日本では母子の位置関係はどうなっているのだろうかと気になりました。日本に帰国後，ベビーカーに子どもを載せた母親の姿を見ては記録を取ってみました。すると，図12（B）のイラストのように，日本では多くの場合，ベビーカーに乗った赤ちゃんは母親と同じ方向を，つまり前方を見るような位置関係になっていました。同じ方向を見ているのですから，母親はアイ・コンタクトを取ることはできません。しかし，ここでも同じものをみることにより母と子の間の一体感が生まれていると言えます。この場合，

図12　カナダと日本で通常みられるベビーカー

（A）カナダで見られるもの　　　　　（B）日本で見られるもの

横並び型の変形である縦並び型によるコミュニケーションと言うことができます。

　そのように考えていくと，モントリオールではさまざまな場面で対面型を取り入れられていたことに気づきました。地下鉄には，2×2の4人掛けの対面型ボックスシートがあります。バスにもこのスタイルの座席があります。一方，日本では，通常電車の座席は横並び型です。バスの座席も，前方を向いている縦並び型です。

　以前成田エクスプレスは，フランスから取り寄せた車両を使用していました。1つの号車が半分に分かれ，後方部分は進行方向を向き，前方部分は進行方向とは逆を向くという対面型の座席の配置でした。しかし，日本人の乗客は心地よく思わなかったのだと思います。すぐに，全座席が進行方向を向くように変わりました。今でもヨーロッパではこのような対面型の車両が使われています。日本では，新幹線，小田急線のロマンスカーなどでは，スイッチひとつで座席の進行方向が変わるシステムが使われ，乗客は皆進行方向を向いた座席に座ります。そして，乗客は，横の席の人とは横並びで，前後の人とはその変形型の縦並びでやはり同じ方向を向き，無意識ではあるものの，電車の動きに合わせて刻々と変わっていく同じ車窓の景色を共に眺めて楽しみながら進んでいくのです。

7.2.8　歌詞にみる視点の共有

7.2.8.1　ゆずの「夏色」

　前節では，横並びの変形として縦並び型に触れました。この縦並びですぐにイメージされるのは，男女のカップルによる自転車の二人乗りです。この二人乗りの姿は，さまざまな映画や楽曲に取り入れられています。筆者がまず思いつくのは，北川悠仁の作詞によるゆずの「夏色」（1998）です。

　ゆずの歌詞には,「ゆっくり」という言葉が多く使われています（見崎,
2002）。「夏色」にも「ゆっくり」が登場しています。この楽曲の歌詞の中で,
「この長い長い下り坂を／君を自転車の後ろに乗せて／ブレーキいっぱい握り
しめて／ゆっくりゆっくり下ってく」という部分は,繰り返し歌われる部分
です。主人公と思われる少年は,好意を寄せる少女と共有している時間を何
とか引き延ばそうとしています。しかし,自転車は,時の流れを象徴する下
り坂を進み,どんどんと加速していきます。そのスピードに対抗するために,
ブレーキを精一杯かけて,「君」を後ろに乗せて,ゆっくり,ゆっくりと下
るように必死になっているのです。ここでも,少年と少女は共に前方を見て
います。また,「夏色」の歌詞の中には,「線香花火に二人で／ゆっくりゆっ
くり火をつける」というフレーズも出てきます。線香花火は火をつけてもす
ぐに消えてしまうはかないものです。すぐに消えてしまうものだからこそ,
「ゆっくりゆっくり火をつけ」て二人で,そのはかないものを共に眺める時
間を何とか引き延ばそうとしています。二人乗りによる肌の触れ合いや空気
のにおい,花火の音やにおいなど非言語による感覚に訴える表現が効果的に
用いられています。

7.2.8.2　小田和正の歌詞

　小田和正の歌詞には「この」「あの」「それ」などいわゆる「コソアド」と
呼ばれる指示詞が数多く使われています（見崎,2002）。そこで,まず,日
本語の指示詞について考えてみましょう。表17は,庵（2001）を参考にし
て,指示詞をまとめたものです。

表17　日本語の指示詞

	近称	中称	遠称	不定称
人	この（人） こちら	その（人） そちら	あの（人） あちら	どの（人） どなた
事物	これ	それ	あれ	どれ
属性	こんな こういう	そんな そういう	あんな ああいう	どんな どういう
場所	ここ	そこ	あそこ	どこ
方向	こちら	そちら	あちら	どちら
関係	この	その	あの	どの
副詞	こう	そう	ああ	どう

庵，2001，p. 264を基に作成。

Q26：次の会話における空所には，「こ・そ・あ」のうち，何が入るでしょうか。

会話１：会社の課内のフロアで

課長：山田君，君が持っている（①）れは何？

部下：ああ，（②）れは，パソコンの新しい部品です。

課長：そうなんだ。ずっと部品が必要だと言っていたよね。それじゃ，ついに，駅のそばの（③）の店で見つけたんだね。

部下：はい。ついに見つけることができて良かったです。

会話２：太郎と花子は高校時代の同級生で，高校生の時からつき合っている恋人同士です。今，一緒に高校時代のアルバムを見ています。

太郎：（アルバムの写真を指しながら）（④）の教室覚えてる？

花子：うん，音楽室だよね。（⑤）こで合唱部の練習をしたよね。確か山田君が部長だったよね。

太郎：そうだったね。（⑥）の人，今どうしてるのかな？

花子：大阪で結婚したって聞いたけど。山田君の奥さんは，高校では1つ下の学年の人で，確か（⑦）の人，鈴木さんていう名前だったとか聞いたよ。

太郎：へえ，僕も知らないから，きっと（⑧）の人は合唱部じゃなかったんだね。

　指示詞の使い分けは，話し手，聞き手，そして指示される対象の3者の位置関係によって決まります。その位置関係には2種類があります。

　まず，話し手と聞き手が離れている場合を考えてみましょう。この場合，話し手の領域にあるものはコ，聞き手の領域にあるものはソ，どちらからも離れているものはアを使って指します。言いかえれば，コで指示されるものは密接距離や個体距離に相当するウチの空間にあるもの，ソとアはソトの空間にあるものを指します（牧野，1996）。なお，ここでいう「もの」は具体的な事物だけではなく，抽象的な知識，記憶，情報も含みます。また，距離は，物理的距離だけではなく，心理的距離および時間的距離も表します。

　Q26の会話1は課長と部下の間で行われています。この2人は密接なウチの空間内に位置することはないので，2人は離れた位置にいると想定されます。部長は部下が持っているものについて尋ねているので，①には「そ」が入ります。次に部下は自分が持っているものについて答えているので②には「こ」が入ります。駅に近い店は，2人のいずれの領域にも属していないので，③には「あ」が入ることになります。

　次に，話し手と聞き手の関係が親しければ，2人は共にウチの空間にいる場合も考えられます。つまり，2人が密接距離あるいは個体距離にいる場合です。そこでは，五感を使った非言語コミュニケーションが行われます。こうした状況では，2人の近くにあるものはコ，遠くのものはア，2人の領域

外の見知らぬものはソを使って指します。

　会話2は恋人同士で行われた会話で，2人は一緒にアルバムを見ているので密接距離の空間にいると想定できます。まず，太郎がアルバムの写真を指して，教室について花子に尋ねます。2人は高校の同級生なので，自分たちが通った高校についての知識や情報を共有しています。また，2人は教室の写真を実際に目の前で見ているので，④には「こ」が入り，⑤にも「こ」が入ります。部長であった山田君は，写真に写っておらず，2人の時間的に距離のある記憶の中にいる人なので，⑥には「あ」が入ります。次に，山田君の奥さんである鈴木さんについては，2人とも知らない人であり，心理的にも遠い人なので⑦と⑧にはそれぞれ「そ」が入ります。

　神尾（1990）は，情報の縄張り理論を提唱しています。この理論によると，表18が示すように，情報は，A〜Dの4種類に分類することができます。神尾は指示詞について論じたのではありませんが，情報の縄張り理論は指示詞を考える上で大変参考になります。

表18　情報の縄張り理論（神尾，1990）と
　　　指示詞の関係

		話し手の縄張り			
		ウチ		ソト	
聞き手の縄張り	ウチ	A	こ，あ	B	そ
	ソト	C	こ	D	あ，そ

　まず話し手と聞き手が遠くの位置にいる場合を考えてみましょう。これはQ26における会話1の状況に相当します。話し手の縄張りのウチにあり，聞き手の縄張りのソトにある情報は「こ」で受けるので，これはCに相当します。逆に，聞き手の縄張りのウチにあり，話し手の縄張りのソトにある情報は「そ」で受け，これはBに当たります。また，話し手も聞き手も縄張

りにない情報は「あ」で指示しますので，Dに相当します。

　今度は，会話2のような話し手と聞き手の距離が近い場合を考えてみます。話し手と聞き手の縄張りのウチにあって共有している情報で，距離的にも時間的，心理的にも近いものは「こ」，遠いものは「あ」で指示するので，この場合は，Aに当たります。話し手も聞き手も知らない情報は「そ」で受け，これはDに当たります。

　さて，それでは，小田和正の歌と指示詞との関係について考えてみましょう。ここでは，小田のラブソングを取り上げるので，その中での指示詞の使い方を考える際には，上記の会話2における話し手，聞き手，指示対象の位置関係が基本となります。また，ラブソングなので，表18における話し手と聞き手が縄張りを共有するAのカテゴリーの指示詞が多くなると予想されます。

　前述の通り，小田の楽曲には，指示詞が多く使われています（見崎，2002）が，「こ」が数多く使われている楽曲は，「キラキラ」です。そこには，「この時　この二人　ここへは戻れない/この愛はどこまでも　ずっと続いて行くから」と歌われています。「こ」系の指示代名詞が連続して使われることにより，密接距離にいる恋人と思われる二人（「この二人」）が，ウチの空間（「ここ」）と，今（「この時」）を共有していることがわかります。そのため，歌詞の中の話し手は，「明日の涙は　明日流せばいい」と言い切り，「今はただ目の前の　君を抱きしめていたい」と言って，明日よりは今を強調しています。また，密接距離はお互いを五感で感じとることができる距離です。そのため，この楽曲では，タイトルでもある「キラキラ」や「ゆらゆらゆら」といった感性に訴えるオノマトペも使われています。

　次に「あ」が使われているのは，「ラブ・ストーリーは突然に」です。サビに使われているフレーズには「あの日　あの時　あの場所で　君に会えなかったら」と「あの」が3回続いて使われています。「あ」は，話し手と聞き手が近くの同じウチの空間にいて，遠くのものを指示するときに用いられ

ます。この歌詞の中で，「僕ら」は，かつてお互いが出会った時と場所を思い出しているのです。ここでは，過去を思い出しているので時間的に遠いものとして「あ」が使われています。そして，視点は現在に戻り，「肩を寄せ」る近さに「君」を感じて，「僕は忘れないこの日を　君を誰れにも渡さない」と，「こ」を使って「君」への愛を誓っているのです。また，密接距離のウチの空間では論理による言葉よりは，五感による感性が優先されます。そのことは，「キラキラ」ではオノマトペの使用に見られました。しかし，「ラブ・ストーリーは突然に」では，オノマトペの使用ではなく，小田の言葉自体に対する不信感が現れています。歌の中の主人公は，「何から伝えればいいのか　分からないまま時は流れて　浮かんでは　消えてゆく　ありふれた言葉だけ」と言い，「誰れかが甘く誘う言葉に　もう心揺れたりしないで」と願っています。そして，言葉の代わりに，僕は「やわらかく　君をつつむ　あの風になる」と非言語による手段で愛を誓っているのです。

7.2.8.3　その他の歌詞

「あ」系の指示詞が使われている曲には，荒井由実（後の松任谷由実）による「ひこうき雲」(1973) があります。この曲は，1970年代にヒットしましたが，2013年に公開された宮崎駿監督，スタジオジブリ制作による映画『風立ちぬ』のテーマ曲となり，再度注目を集めました。

「ひこうき雲」は，荒井が友人の死をきっかけとしてつくった楽曲とのことです。亡くなった友人の魂が空に昇っていくのを，飛行機雲に見立てています。この友人のことを，荒井は「あの子」と呼び，このフレーズは歌詞の中で 6 回使われています。この歌は，話し手のモノローグの形となっています。それでは，「あ」で指示したものを共感視しているのは誰なのでしょうか。

「ひこうき雲」は，年齢を問わず多くの人に愛聴されている楽曲です。この歌の YouTube に寄せられた視聴者のコメントには，亡くなった母，親，

恋人や友人のことを思い出したということが綴られています。すなわち，「あの子」を見ているのは，「ひこうき雲」を歌っている荒井，その歌詞に表れる主人公と，そしてこの歌を聴いている一人ひとりのリスナーと言えます。歌を聴いて私たちが感動するのは，歌の世界と聞き手の世界が交錯し，共に視点を共有し共感することができる時なのです。それぞれのリスナーが自分の世界と歌の世界とを交錯させているのです。

　最近では，米津玄師の「Lemon」(2018) にも，「あ」の世界が展開されています。米津 (Oricon News, 2018) はインタビューの中で，「人間は誰しも死んでしまうもの。そこから逆算しないと，力があるものは生まれてこない」と答えています。また，「Lemon」を制作している間に，実の祖父が亡くなり，「実体としての死が飛び込んできた」と述べています。「Lemon」では，サビの部分で「あの日の悲しみさえ　あの日の苦しみさえ」と「あ」を繰り返しています。その他，「あれから」，「あんなに」にも「あ」系の指示詞が見られます。ここでも，シンガーとしての米津，歌詞の中の主人公，それぞれのリスナーが，視点を共有し，「あ」の指すものを見つけているという形になっているのです。なお，米津は，レモンを「死の象徴的なアイコン」として使い，歌詞の中では「苦いレモンの匂い」と表現しています。レモンの黄色，酸っぱさ，匂いという視覚，味覚，嗅覚を組み合わせたフレーズを「歌う」ことにより聴覚に訴える感性の世界をも創り上げています。人の死は「苦く」悲しいものではある一方，その人との思い出は鮮やかな黄色やみずみずしい香りのように，残された人の「胸に残り離れない」ものでもあるのです。

　ポピュラー・カルチャーであり，見える文化の一部である映画や歌を，言語および非言語コミュニケーションの観点から眺めると，さまざまな興味深い文化的特性が見えてきます。映画を観るときはストーリーを追うだけではなく，また楽曲を聴くときはメロディーに耳を傾けるだけはなく，場面や人物の配置，台詞や歌詞の意味にも注目することで，今まで見えてこなかった

もの，聞こえてこなかったものを発見することができます。是非こうした見え
ない文化的特性を探索することに挑戦してみてほしいと思います。

第**8**章
まとめ
異文化コミュニケーションを学ぶ

　本書では，異文化コミュニケーションについて論じるに当たり，4つの観点に分けて眺めてきました。第1部では文化に，第2部では言語コミュニケーションに，第3部では非言語コミュニケーションに焦点を当てて詳しく説明をしました。第4部では，言語と非言語は密接な関係があり，両者は一体となってコミュニケーションの手段として機能していることを具体的に解説しました。それぞれの部では，さまざまな研究者の知見を紹介すると共に，自分自身の経験や研究成果もまじえて，筆者の考える異文化コミュニケーション論を提示することに挑戦してみました。

　塩澤（2019）は，異文化を理解するということは，「文化背景にある知識を増やし，文化相対主義の立場から，多様性を受けいれる寛容な態度を持ち，それに基づいてコミュニケーション行動をとること」であると述べています（p. 127）。すなわち，塩澤は，（1）知識が（2）態度とそれに続く（3）行動の変容をもたらすと指摘しているのです。

　自らの文化的基準が絶対であるという自文化中心主義やそこから発生する過度なステレオタイプや偏見を抱くことは，異文化コミュニケーションを阻害する大きな要因となります。文化相対主義の立場から，自らとは異なる考え方，表現の仕方，そして行動パターンがあることを知ることが，異文化コミュニケーションを行う上での第一歩となります。その上で，異なる文化背景を持つ人々と接することで，自らの「文化的感受性」（長谷川，2014）を

養うことにより，異文化に対して寛容な態度を培うことができるようになります。そうした知識，態度に基づき，自分も相手も互いに歩み寄りながら意志疎通を行うための適切なコミュニケーション行動を取ることができるようになるのです。

　しかし，しばしば，個人レベルだけではなく国家レベルでの異文化間交渉も暗礁に乗り上げてきたように，こうした歩み寄りは決して簡単に達成できることではありません。他言語を話す他民族の人々が近隣に生活しているヨーロッパのような社会とは異なり，日本では適切に言語・非言語伝達手段を用いて，異文化に属する人々とコミュニケーションを成立させる能力を磨くことは簡単なことではありません。しかし，国際化が進む中，こうした能力は誰もが必要としているものです。

　さらに，異文化コミュニケーション能力を育成することは，他言語を話す人々が属する異文化への気づきだけでなく，日本という自国内の異文化や，さらには自分が属するさまざまな下位文化・共文化への理解にもつながります（上村，2022）。そうした気づきや理解は，新たな自分自身の発見をもたらし，自己変容にもつながります。筆者の知り合いの男性に，中国出身の女性と結婚した方がいます。数年前のある日，その男性が，文化が異なる者同士の場合，そうでない人同士の結婚生活と比べると「10倍大変だけど，10倍発見があり楽しい」と言っていました。異文化コミュニケーションの醍醐味を端的に伝える言葉として，今でも鮮明に筆者の記憶に残っています。

　このように，異文化コミュニケーションを学ぶことは，新しい世界を切り開き，新しい自己を創り上げてくれる大きな可能性を秘めていると言えます。

おわりに

　2020年は思いもよらないことが世界を襲いました。新型コロナウイルスによる感染症（COVID-19）です。瞬く間に，感染者が増え，日本でも緊急事態宣言が何度も発令されました。

　新たな感染症の影響により，筆者の勤務先の大学でも，感染を防ぐため突如オンライン授業を行うことになりました。オンライン授業になったことで，教師としては授業の形式を大幅に変更しなければならなくなりました。授業の内容のほぼすべてをプレゼンテーション用のスライドに記載することになり，毎日スライドの作成に追われるようになりました。

　一日中パソコンの前に座る日々が続き，ときにはめまいに襲われることもありました。音声とスライドという限定された手段で学生が理解しやすいように授業を準備することに追われ，大変苦労しました。一方で，このことにより貴重な成果もありました。それは，これまでの授業の内容を整理し，資料を補足し，わかりやすく記述することができたことです。

　さらに，2021年度には専修大学から長期国内研究の機会をいただくことができました。2021年も新型コロナの影響が続き，国内外の移動が制限されステイホームの状態が続きました。そこで，オンライン授業のために整理をした授業内容を文章にして本にまとめてみようと思い立ちました。

　原稿を書いているうちに，これまで気づいていなかった新たな発見もありました。たとえば，女子生徒の制服としてスラックスを導入する学校が増えていたことや，小学生のランドセルの色が多種多様になっていたことなどです。そうした事柄は，今後の授業において，日本国内にみられる異文化を扱う際に活かしていきたいと思っています。

「はじめに」で指摘したように，現在英語の教員免許状を取得するための
コアカリキュラムの中に「異文化コミュニケーション」という科目が含まれ
ています。英語を教え，学ぶことの意味が再検討されたためです。すなわち，
英語を学ぶことは，単語や文法だけを習得することでは終わりません。それ
は，自分の母語ではない言語を使って，異なる文化やコミュニケーション・
スタイルを持つ相手とかかわり，相手を理解しようとしながら自分自身の視
野や考え方を広げていくことをも意味しています。宮崎（2020）は，以下の
ように述べています。

　　英語のみならず外国語を学ぶことは，ただの言語習得ではない。相手の
　　立場に立って考える姿勢を保ちながら，わかりあえないかもしれない他
　　者の異質性を認めつつ，自己変容する「かかわりあい」のプロセスなの
　　である。「異」に対して積極的に向きあうことは，「私」と「あなた」の
　　つながりを可視化する重要なきっかけとなる。そこに外国語を学ぶこと，
　　そして異文化コミュニケーションのもたらす豊かさがあるはずだ。
　　（p. 95）

　この本が，異文化コミュニケーションのもたらす「豊かさ」を読者の皆様
に伝えることに，少しでも役立つことができればと願っています。

謝辞

　この本を執筆するに際しては，直接的・間接的に多くの方々のお世話になりました。

　まず，勤務先である専修大学の皆様に御礼を申し上げます。この本の執筆を花の育つ過程に例えてみたいと思います。異文化コミュニケーションに対する筆者の関心が花の種だとします。その種を育ててくれた土は，専修大学の旧カリキュラムにおいて異文化コミュニケーションに関連する内容を扱った科目（「英語と日本語」「言語とコミュニケーション」）とゼミナールを担当したことでした。また花を育てる水となってくれたのは，1999年に専修大学からいただいたカナダでの長期在外研究期間でした。カナダでの滞在が，文献で学んだことを実体験として理解するきっかけとなりました。その後，2021年に国内研究の機会をいただき，実際に原稿を執筆することができました。さらに，2022年度には，専修大学図書刊行助成に採択され，出版の機会をいただくことができ，開花の時期を迎えることができました。このように，さまざまな機会を与えてくださいました専修大学の教職員の皆さまには，心から感謝いたしております。

　花を育てる太陽となって下さったのは，これまでにお世話になった先生方，友人や知人，そして学生の皆様です。まず，大学時代にお世話になったのは久守和子先生でした。筆者が1年次に初めておめにかかった先生はとても活動的で，筆者が英語や文学，そして海外の文化へと興味を持つ上で大きな影響を与えてくださいました。筆者がアメリカに留学するときも，帰国後大学で教えてからも，適切なアドバイスをして支えてくださいました。

　筆者の友人でもあり研究仲間からは，さまざまな刺激をいただきました。大井恭子先生からは Contrastive Rhetoric の立場から日本語と英語を比較することの面白さを教えていただきました。また，大井先生，熊本たま先生，

松本佳穂子先生とは，八王子ライティング研究会を結成し，その後高等学校の英語の教科書を執筆し，高校生に英語を学ぶ楽しさを伝える機会をいただくことができました。筆者が在外研究員としてカナダに滞在した際には大井先生に，また国内研究を行った際には松本先生に，筆者に代わり異文化コミュニケーション関連の講義科目を担当していただき，大変お世話になりました。

　筆者の前任校である明海大学の設立初年度に共に勤務した「明海仲間の会」の皆様には，これまでおおいに知的な刺激をいただきました。当時研究室が隣であった仁木久恵先生からは，いつも温かい励ましの言葉をいただいています。田中典子さんは，ご自身の研究を生活と結びつけ語用論における研究対象の可能性を広げています。津留崎毅さんは，温厚なお人柄でいつも場の雰囲気を和ませてくれます。渡辺雅仁さんは，2020年に突然オンライン授業をすることになり当惑していた私たちのために講習会を開いてくれました。東山安子さんは，非言語コミュニケーションの専門家として，筆者の大学でも講演をしてくださいました。2020年から筆者が異文化コミュニケーションという科目を担当することになったときも応援してくださいました。また，この本の非言語コミュニケーションの章を執筆するにあたり，東山さんの研究がとても参考になりました。30年以上つながりを保つことのできる仲間の存在は，筆者の大きな心の支えとなっています。

　また，専修大学で教える機会をくれた大学院生，ゼミ生の皆様からは教えられることが多々ありました。熊澤翔さんの漫画を分析対象としたオノマトペの研究，永倉栞さんの日英語のレシピを比較した研究の成果は秀逸で，この本の中でも紹介させていただきました。かつての大学院生であった田中絵里奈さん，佐藤明日香さん，高田雅さん，吉野慶太さん，橋本裕さん，上原岳さんは，現在教員として働いていて，今でも近況を知らせてくれています。英語の授業の中に，異文化コミュニケーションの視点も是非沢山取り入れていってほしいと思います。上原岳さんには，本書の原稿を丁寧に読み，修正点を指摘し，コメントも寄せていただき，心から感謝いたしております。

196

　異文化コミュニケーションをアメリカで学び博士号を取られた故滝澤武先生にも生前お世話になりました。一緒にドイツ，韓国や台湾の学会で共同研究の成果を発表しました。もしかしたら，この本を天国で読んで下さるかもしれません。滝澤先生の奥様の滝澤佳奈枝さんとは，今でも親しくさせていただいております。

　筆者のかかりつけ医のきむら内科クリニックの木村謙介先生には，いつもお世話になっています。これまでの授業の内容を本にまとめたいとお伝えしたとき，「それはとても良い試みだね」とおっしゃり積極的に励ましてくださいました。

　そして，アメリカの大学院時代の指導教官であった故 Dr. Patrick Hartwell には，心から感謝いたしております。英語での研究の進め方，論文のまとめ方について留学生である私に丁寧に指導してくださいました。Dr. Hartwell と奥様の Mrs. Hartwell はクリスマスにはいつも手作りの料理を留学生の私のためにご馳走してくださいました。

　Dr. Mohamed Ghobashy と Mrs. Sylvia Ghobashy も，アメリカでの私の生活を支えて下さいました。Dr. Ghobashy はエジプトのご出身で，Mrs. Ghobashy はドイツのご出身でした。お宅に招かれたときには，3人がエジプト人，ドイツ人，日本人という異なる視点からアメリカを眺め，お互いの意見を交換することもありました。4種類の文化を比較し，まさに異文化コミュニケーションを体験することができたことは貴重な経験でした。

　本書の執筆に際し，石川豊雅による「風流子供十二月十月」と題する浮世絵の使用を許可してくださった公文教育研究会，並びに許諾手続きをご担当いただきました内山岳志様に御礼申し上げます。同じく，四コマ漫画の使用を許可して下さった東洋館出版社の編集部の方々に御礼申し上げます。

　玉川大学の小倉康之先生からは絵画の使用についてお尋ねした際，詳しいご助言をいただきました。美術史の研究者でいらっしゃる小倉先生からは，これまでにもキリスト教美術をはじめ，幅広いテーマで美術史に関する知識

を提供していただきました。

　専修大学出版局の真下恵美子様には，原稿の段階から出版にいたるまで，大変お世話になりました。特に，日本語の履歴書に関しては，貴重な資料を提供してくださいました。常に，丁寧に，そして正確に編集をしていただき，心から感謝いたしております。

　最後に，この本の執筆を最初に勧めてくれた夫には感謝しています。夫の「本にまとめてみれば」という突飛な一言がなければこの本は誕生しませんでした。またしばしばコンピュータの操作につまずく筆者の執筆過程にも気長に付き合ってくれたことにも感謝しています。

　なお，本書の出版に際しては，令和4年度専修大学図書刊行助成を受けました。図書刊行助成制度において査読委員を務めて下さった先生方には厚く御礼申し上げます。並びに，本書の完成に至るまでには科学研究費助成事業（21K00687）の補助を受けています。

2023年1月

上村妙子

参考文献

日本語文献

青谷優子・カーペンター，ジュリエット W.（著・翻訳）(2019)「走れメロス　太宰治」『英語朗読でたのしむ日本文学』（pp. 12-28）アルク。

赤松健 (2001)『ラブひな』（バイリンガル版）ジャイルズ，マリー（訳）講談社。

秋田喜美 (2019)「外国語にもオノマトペはあるの？」窪薗晴夫（編）『オノマトペの謎』（pp. 65-64）岩波書店。

秋田喜美 (2020a)「世界のオノマトペの分布」窪薗晴夫（編）『よくわかる言語学』（pp. 192-193）ミネルヴァ書房。

秋田喜美 (2020b)「音象徴」窪薗晴夫（編）『よくわかる言語学』（pp. 194-195）ミネルヴァ書房。

朝尾幸次郎 (1990)『英語の演習　第3巻　語彙・表現』大修館書店。

阿部公彦 (2019)『英詩のわかり方』研究社。

阿部公彦 (2021)「身体が教える英語と英文学」専修大学文学部英語英米文学科2021年度学術講演会（2021年6月24日）専修大学文学部英語英米文学科。

有本葉子 (2014)『有本葉子の揚げもの』東京書籍。

安藤貞雄 (1996)『英語の論理・日本語の論理』大修館書店。

飯島英一 (2004)『日本の猫は副詞で鳴く、イギリスの猫は動詞で鳴く』朱鳥社。

飯田朝子 (2016)『日本の助数詞に親しむ―数える言葉の奥深さ』東邦出版。

庵功雄 (2001)『新しい日本語入門―ことばのしくみを考える』スリーエーネットワーク。

池上嘉彦 (1981)『「する」と「なる」の言語学―言語と文化のタイポロジーへの試論』大修館書店。

石井敏 (1998)「文化とコミュニケーションのかかわり」鍋倉健悦（編著）『異文化間コミュニケーションへの招待』（pp. 41-65）北樹出版。

井上英明 (1990)『異文化時代の国語と国文学』サイマル出版会。

今井むつみ (2021)『英語独習法』岩波書店。

今川勝之（2012）「これって児童虐待？それともアメリカ人が過保護なの？〜児童の安全とは〜」『自治体国際フォーラム』9月号，pp. 20-21。

岩田祐子（1998）「日本における外国語教育の問題点」鍋倉健悦（編著）『異文化間コミュニケーションへの招待』（pp. 174-179）北樹出版。

エクマン，ポール・フリーゼン，ウオレス　V.（2020）『表情分析入門』工藤力（訳編）誠心書房。［原著：Ekman, P., & Friesen, W. V. (1975). *Unmasking the face: A guide to recognizing emotions from facial clues*. Hoboken, NJ: Prentice-Hall.］

O. ヘンリー（2014）「賢者の贈りもの」小川高義（訳）『O・ヘンリー傑作選 I　賢者の贈りもの』（pp. 9-19）新潮社。

大井恭子・上村妙子・佐野キム，マリー（2013）『Writing Power』（改訂版）研究社。

大井恭子（2014）「英語と文化」長谷川瑞穂（編著）『はじめての英語学』（pp. 170-177）研究社。

太田淑子（1992）「談話にみる性差の様相—終助詞を中心として」『横浜国立大学教育紀要』第32巻，pp. 329-342。

大庭英子（2015）『いちばんおいしくできるきほんの料理』朝日新聞出版。

大山茂夫（1996）「非言語コミュニケーション」大田信男（著者代表）『コミュニケーション学入門』（第3版）（pp. 39-52）大修館書店。

岡部朗一（1996）「文化とコミュニケーション」古田暁（監修）『異文化コミュニケーション　改訂版』（pp. 39-59）有斐閣。

小倉慶郎（2016）「日英オノマトペの考察：日英擬音語・擬態語の全体像を概観する」『大阪大学日本語日本文化教育センター授業研究』第14巻，pp. 23-33。

苧阪直行（編著）（1999）『感性のことばを研究する—擬音語・擬態語に読む心のありか』新曜社。

小野正弘（2009）『オノマトペがあるから日本語は楽しい』平凡社。

小野正弘（2020）『オノマトペ　擬音語・擬態語の世界』角川書店。

オバマ，ミシェル（2019）『マイ・ストーリー』長尾莉紗・柴田さとみ（訳）集英社。［原著：Obama, M.（2018）. *Becoming*. New York：Penguin Random House.］

小原千佳（2014）「話しことばの終助詞について：映画にみる女性文末詞」『日本文学ノート』49巻，pp. 151-140。

葛西健治（2012）「こどものうたにおけるオノマトペに関する一考察」『こども教育宝仙大学紀要』第3号，pp. 33-43。

「家庭で伝えたい食卓の文化」（1992）『婦人之友』1992年10月号，pp. 20-31。

神尾昭雄（1990）『情報のなわ張り理論—言語の機能的分析』大修館書店。

上村妙子（2022）『身近な異文化コミュニケーション—こころにユニバーサルデザインを—』パレード。

北出亮（1998）「非言語コミュニケーションの特質」鍋倉健悦（編）『異文化間コミュニケーションへの招待』（pp. 101-107）北樹出版。

北山修（2005）「共視母子像からの問いかけ」北山修（編）『共視論—母子像の心理学』（pp. 5-46）講談社。

木村泰司（2016）『名画は嘘をつく2』大和書房。

木村泰司（2020）『名画はおしゃべり—酔っ払いから王侯貴族まで』ワニブックス。

金水敏（2003）『ヴァーチャル日本語　役割語の謎』岩波書店。

金田一春彦（1978）「擬音語・擬態語概説」（解説）浅野鶴子（編）『擬音語・擬態語辞典』（pp. 3-25）角川書店。

國廣哲彌（1974）「人間中心と状況中心—日英語表現構造の比較」『英語青年』第119巻第11号，pp. 48-50。

國廣哲彌（1990）「語彙の構造の比較」國廣哲彌（編）『日英語比較講座　第3巻　意味と語彙』（pp. 15-52）大修館書店。

窪薗晴夫（2019）『オノマトペの謎—ピカチュウからモフモフまで』岩波書店。

熊澤翔（2014）「英語版 ONE PIECE における英語のオノマトペの認知度と作成方法」専修大学文学部英語英米文学科卒業研究。

久米昭元・長谷川典子（2014）『ケースで学ぶ異文化コミュニケーション—誤解・失敗・すれ違い』有斐閣。

栗原敦（監修）・杉田淳子（編）（2019）『宮沢賢治のオノマトペ集』筑摩書房。

小池浩子（2009）「ことばのないメッセージ：非言語コミュニケーション」八代京子・町惠理子・小池浩子・磯貝智子（著）『異文化トレーニング—ボーダレ

ス社会を生きる』（改訂版）（pp. 125-161）三修社。

コクヨ「JIS 規格帳票履歴書用紙〔シン-1 J〕」。

小島義郎（1991）『日本語の意味　英語の意味』南雲堂。

小林忠（監修），中条正堯（編）（2008）『江戸子ども百景』河出書房。

齋藤美穂（2017）「色と文化と心—色彩嗜好の国際比較から」『水の文化』第55号，
　　pp. 12-14。

佐藤恵子（1996）「言語の性差」田中春美・田中幸子（編著）『社会言語学への招
　　待—社会・文化・コミュニケーション』（pp. 66-82）ミネルヴァ書房。

椎名美智（2022）『「させていただく」の使い方　日本語と敬語のゆくえ』角川新書。

塩澤正（2019）「異文化理解教育」木村松雄（編著）『新しい時代の英語科教育法—
　　小中高を一貫した理論と実践』（pp. 125-131）学文社。

渋谷昌三（1990）『人と人との快適距離—パーソナル・スペースとは何か』日本放
　　送出版協会。

清水知子（2021）『ディズニーと動物—王国の魔法をとく』筑摩書房。

鈴木孝夫（1973）『ことばと文化』岩波書店。

鈴木俊貴（2021）「「言葉」をもつ鳥、シジュウカラ」甲斐睦朗他（編）『国語1』
　　（pp. 126-133）光村図書。

宗宮喜代子（2007）「英語と日本語の『時制・相』について」『東京外国語大学論
　　集』第73号，pp. 1 -19。

高野陽太郎（2019）『日本人論の危険なあやまち—文化ステレオタイプの誘惑と罠』
　　ディスカヴァー・トゥエンティワン。

高浜千佳子（2021）私信。

高見砂千（2010）「生徒が主体的に取り組む言語活動の在り方に関する研究—『逆
　　向き設定』と『ルーブリック』による中学校英語科における実践—」『大阪市
　　教育センター研究紀要』第193号，pp. 1 -33。

辰巳芳子・香川芳子・本間千枝子・中村芳楽・江口世都（1992）「家庭で伝えたい
　　食卓の文化」『婦人之友』第 1 巻第 1 号（1992年10月号），pp. 21-32。

立石憲利（2010）『55年前は〈泣き女〉がいた』吉備人出版。

田村育啓・スコウラップ，ローレンス（1999）『オノマトペ—形態と意味』くろしお

　　出版。

谷本誠剛（1997）『物語にみる英米人のメンタリティ』大修館書店。

東山安子・フォード，ローラ（2016）『日米ボディートーク　身ぶり・表情・しぐ
　　さの辞典　増補新装版』三修社。

東山安子（2020）『英語教師のためのコミュニケーション読本　Verbal & Nonverbal
　　Communication』パレード。

永倉栞（2021）「日米活字料理本に関する比較研究」専修大学文学部英語英米文学
　　科卒業研究。

中野京子（2019）『欲望の名画』文藝春秋。

中野京子（2021）『そしてすべては迷宮へ』文藝春秋。

中村圭志（2021）『教養としての宗教入門』中央公論新社。

中村桃子（2021）『「自分らしさ」と日本語』筑摩書房。

名柄迪・茅野直子（1996）『外国人のための日本語例文・問題シリーズ9　文体』
　　荒竹出版。

ナップ，マーク L.（1979）『人間関係における非言語情報伝達』牧野成一・牧野
　　泰子（訳）東海大学出版会。［原著：Knapp, M. L. (1978). *Nonverbal communi-
　　cation in human interaction.* New York : Holt, Rinehart & Winston.］

夏目房之介（1997）『マンガはなぜ面白いのか―その表現と文法』NHK 出版。

夏目房之介（2013）「マンガにおけるオノマトペ」篠原和子・宇野良子（編）『オ
　　ノマトペ研究の射影―近づく音と意味』(pp. 217-241) ひつじ書房。

西田ひろこ（1989）『実例で見る日米コミュニケーション・ギャップ』大修館書店。

長谷川典子（2013）「自己とアイデンティティ」石井敏・久米昭元・長谷川典子・
　　桜木俊行・石黒武人（著）『はじめて学ぶ異文化コミュニケーション―多文化
　　共生と平和構築に向けて』(pp. 37-58) 有斐閣。

長谷川典子（2014）「共文化コミュニケーション」久米昭元・長谷川典子（著）『ケー
　　スで学ぶ異文化コミュニケーション―誤解・失敗・すれ違い』(pp. 59-88)
　　有斐閣。

原沢伊都夫（2013）『異文化理解入門』研究社。

バーンランド，ディーン C.（1979）『日本人の表現構造』西川千・佐野雅子（訳）

サイマル出版会。［原著：Burnland, D. C. *Public self and private self in Japan and the United States.* Tokyo: The Simul Press.］

東信之（1981）「語義の比較」國廣哲彌（編）『日英語比較講座第3巻　意味と語彙』（pp. 101-163）大修館書店。

平井美津子（2003）「和製英語の形態論」*Journal of Rehabilitation and Health Sciences, 1*, pp. 54-59。

福田充（1997）「ノンバーバル・コミュニケーションの機能と理解」橋元良明（編著）『コミュニケーション学への招待』（pp. 92-111）大修館書店。

ホール，エドワード T.（1970）『かくれた次元』日高敏隆・佐藤信行（訳）みすず書房。［原著：Hall, E. T.（1966）. *The hidden dimension.* NY: Anchor Doubleday.］

ホール，エドワード T.（1993）『文化を超えて』（新装版）岩田慶治・谷泰（訳）ティビーエス・ブリタニカ。［原著：Hall, E. T.（1976）. *Beyond culture.* New York: Anchor Doubleday.］

牧野成一（1996）『ウチとソトの言語文化学―文法を文化で切る』アルク。

松本明日香（2008）「大統領像形成としての『テレビ・ディベート』：1960年第1回米国大統領候補討論におけるケネディを事例として」『論叢現代文化・公共政策』第7巻, pp. 157-182。

松本佳穂子（2019）「評価（1）―テスト作成法・4技能測定・パフォーマンステスト」木村松雄（編著）『新しい時代の英語科教育法―小中高を一貫した理論と実践』（pp. 145-151）学文社。

見崎鉄（2002）『Jポップの日本語―歌詞論』彩流社。

水谷信子（2015）『感じのよい英語　感じのよい日本語―日英比較コミュニケーションの文法―』くろしお出版。

宮崎新（2020）「英語という言語選択　外国語を学ぶ意味」池田理知子・塙幸枝（編著）『グローバル社会における異文化コミュニケーション―身近な「異」から考える』三修社。

宮下規久郎（2020）『モチーフで読む美術史』筑摩書房。

宗宮喜代子（2007）「英語と日本語の『時制・相』について」『東京外国語大学論

　　集』第73号，pp. 1-18。

村上春樹（1997）「『カーヴァー・カントリー』を描くロバート・アルトマンの迷
　　宮映画」『やがて哀しき外国語』（pp. 197-210）講談社。

村上春樹（2007）『走ることについて語るときに僕の語ること』文藝春秋。

望月正道・相澤一美・Paul Allum・笹部宣雅・林幸伸・藤井輝哲郎・三浦幸子
　　（2012）*World trek English communication I*，桐原書店。

モリス，デズモンド・コレット，ピーター・マーシュ，ピーター・オショーネシー，
　　マリー（1992）『ジェスチュア　しぐさの西洋文化』多田道太郎・奥野卓司（訳）
　　角川書店。［原著：Morris, D., Collet, P., Marsh, P., & O'Shaughnessy, M. (1979).
　　Gestures. London : Jonathan Cape.］

モリス，デズモンド（1992）『マンウォッチング（上）』藤田統（訳）小学館。
　　［原著：Morris, D. (1977). *Manwatching*. London : Elsvier.］

文部科学省（2010）『高等学校学習指導要領解説　外国語編　英語編』開隆堂。

文部科学省（2019）『高等学校学習指導要領（平成30年告示）解説　外国語編
　　英語編』開隆堂。

八代京子（2009）「なぜ今、異文化コミュニケーションか」八代京子・町惠理子・
　　小池浩子・磯貝智子（著）『異文化トレーニング―ボーダレス社会を生きる
　　改訂版』（pp. 11-43）三修社。

山岸勝榮（編）（2007）『スーパー・アンカー和英辞典　第2版』学習研究社。

山岸信義（2011）「パフォーマンス学理論と英語教育への応用―学習空間づくりに
　　向けての提言」山岸信義・高橋貞雄・鈴木政浩（編）『英語教育学体系第11巻
　　英語授業デザイン―学習空間づくりの教授法と実践』（pp. 54-62）大修館書店。

山口仲美（2004）「ドキドキドッカーン！擬音・擬態との世界」『NHK 日本語なる
　　ほど塾』第1巻　第7号，日本放送出版協会。

やまだようこ（2005）「共に見ること―並ぶ関係と三項関係」北山修（編）『共視
　　論　母子像の心理学』（pp. 73-87）講談社。

山本志都（2001）「パラ言語」八代京子・荒木晶子・樋口容視子・山本志都・
　　コミサロフ喜美（著）『異文化コミュニケーションワークブック』（pp. 51-57）
　　三修社。

結城未来（2014）『照明を変えれば目がよくなる』PHP研究所。

ランサムはな（2020）『写真と動画で見るジェスチャー・ボディーランゲージの英語表現』クロスメディア・ランゲージ。

レイコフ，ジョージ（1993）『認知意味論：言語から見た人間の心』池上嘉彦・河上誓作（訳）紀伊国屋書店。［原著：Lakoff, G. (1987). *Women, fire, and dangerous things : What categories reveal about the mind.* Chicago : The University of Chicago Press.］

呂佳蓉（2004）「英語のオノマトペの象徴メカニズム」『言語科学論集』第10巻，pp. 99–116。

脇山怜（1992）「ことばと社会―社会言語学」長谷川瑞穂・脇山怜（編著）『英語学への招待　英語総合演習』（pp. 174–212）研究社。

渡辺雅子（2004）『納得の構造―日米初等教育に見る思考表現のスタイル』東洋館出版社。

英語文献

Adelson-Goldstein, J., & Shapiro, N. (2009). *Oxford picture dictionary English/Japanese* (2nd ed.). Oxford University Press.

Birdwhistell, R. (1970). *Kinesics and context.* University of Pennsylvania Press.

Carter, J. (1997). The island model of intercultural communication. *SIETAR Japan Newsletter,* July 15.

Henry, O. (1995). The gift of the magi. In *O. Henry 100 selected stories* (pp. 1–5). Wordsworth Editions.

Hess, E. H. (1965). Attitude and pupil size. *Scientific American, 212,* 46–54.

Hinds, J. (1987). Reader versus writer responsibility: A new typology. In U. Connor & R. Kaplan (Eds.), *Writing across languages: Analysis of L2 texts* (pp. 141–152). Addison-Wesley.

Hinds, J. (1991). *Situation vs. person focus.* Kuroshio Shuppan.

Kumamoto, T., Oi, K., Kamimura, T., Sano, K. M., & Matsumoto, K. (2010). *Writing frontiers.* Kinseido.

Lakoff, R. (1973). Language and woman's place. *Language in Society, 2* (1), 45–80.

Marchand, H. (1969). *The categories and types of present-day English word-formation: A synchronic-diachronic approach.* (2nd. edition) Beck.

Martini, G. (2018). *American cookbook.* Create Space Independent Publishing Platform.

Matsumoto, Y. (1993). Japanese numeral classifiers: A study of semantic categories and lexical organization. *Linguistics, 31*, 667–713.

McGloin, N. H. (1991). Sex difference and sentence-final particles. In S. Ide & N. H. McGloin (Eds.), *Aspects of Japanese women's language* (pp. 23–42). Kuroshio Shuppan.

Mehrabian, A. (1968). Communication without words. *Psychology Today, 2*, 52–55.

Oda, E. (2004). *ONE PIECE Serie*s (Vol 3, 4, 5). In M. Bates & S. K. Garrity (Eds.), A. Nakatani (Trans). VIZ Media.

Oi, K. (1986). Cross-cultural Differences in Rhetorical Patterning: A Study of Japanese and English. *JACET Bulletin, 17*, 23–48.

Oi, K., & Sato, T. (1990). Cross-cultural rhetorical differences in letter writing: Refusal letter and application letter. *JACET Bulletin, 21*, 117–136.

Ramsay, S. (2020). *All-American air fryer cookbook for beginners 2020.* Independently published.

Ruesch, J., & Kees, W. (1956). *Nonverbal communication: Notes on the visual perception of human relations.* University of California Press.

Trager, G. L. (1958). Paralanguage : A first approximation. *Studies in Linguistics, 13*, 1–12.

Tyler, E. B. (2016). *Primitive culture.* Dover Publications. 〔原著：Tyler, E. B. (1871). *Primitive culture: Researches into the development of mythology, philosophy, religion, art, and custom.* London: John Murray.〕

Yashiro, K., & Jowden, H. (1993). *Study abroad.* Kenkyusha.

オンライン文献

石 毛 直 道（2012）「飯 茶 碗」『vesta』108号，https：//www.syokubunka.or.jp/
　column/taisyoku/post35.html（2021年 4 月21日閲覧）。

一般財団法人日本規格協会（2020）「JIS Z 8303『帳票の設計基準』の解説に掲載
　されている履歴書の様式例の削除について」（2020年 7 月17日），https：//
　www.jsa.or.jp/news/（2022年 6 月 4 日閲覧）。

AFPBB News（2009）「オバマ大統領による天皇陛下へのお辞儀、米国で論争」（2009
　年11月17日），https：//www.afpbb.com/articles/-/2664517（2021年 5 月20日
　閲覧）。

大 塚 製 薬（2021）「ADVIEW SITE CM・MOVIE オ ロ ナ イ ン」，https：//
　www.otsuka.co.jp/adv/ohn/tvcm202010_01.html（2021年 6 月24日閲覧）。

ORICON MUSIC（2018）「米津玄師の歌詞への思い、祖父の死乗り越え『果たし
　て 正 し か っ た の か』」『ORICON NEWS』（2018年 3 月13日），https：//
　www.oricon.co.jp/special/50876/（2021年 6 月14日閲覧）。

外務省（2006/ 8 /14）「海外邦人事件簿 Vol. 50　なぜ！？　思わぬことから大騒ぎ
　（その 1 ）」，https：//www.anzen.mofa.go.jp/jikenbo/jikenbo50.html（2021年
　4 月20日閲覧）。

黄 桜 酒 造（2021）「黄 桜 CM ギ ャ ラ リ ー」，https：//kizakura.co.jp/gallery/
　index.html#cminfo（2021年 6 月29日閲覧）。

木村正人（2018）「ハグするメーガン・マークルさんに英王室伝統の壁　早くも心
　配　いつまで続く？　ヘンリー王子との結婚生活」YAHOO！ニュース（2018
　年 5 月13日）。https：//news.yahoo.co.jp/byline/kimuramasato/20180513-0008
　5168/（2021年 5 月20日閲覧）。

金峯山寺（2021）「三大行事」，http：//www.kinpusen.or.jp/event/3dai.html（2021
　年 7 月 8 日閲覧）。

くもん子ども浮世絵ミュージアム（2022）「風流十二月　十月」，https：//www.ku
　mon-ukiyoe.jp/index.php?main_page=product_info&cPath=8_9&products_id
　=646（2022年 3 月20日閲覧）。

厚生労働省（2021）「新たな履歴書の様式例の作成について」（2021年 4 月16日），

https：//www.mhlw.go.jp/stf/newpage_kouseisaiyou030416.html（2022年6月5日閲覧）。

高野山真言宗総本山金剛峯寺（2020/10/25）「千住博画伯金剛峰寺障屏画一般公開について」，https：//www.koyasan.or.jp/sp/news/2020/10/25/3851/（2021年5月1日閲覧）。

コクヨ（2020）「性別欄のない履歴書を発売　多様な構成の尊重を求めるお客様の声に対応」（2020年12月21日），https：//www.kokuyo.co.jp/newsroom/news/category/20201221st.html（2021年7月25日閲覧）。

コクヨ（2021）「履歴書を選ぼう！」，https：//www.kokuyo-st.co.jp/stationery/rirekisho/qa/index.html（2021年7月25日閲覧）。

就活の未来（2020）「【面接時の座り方】男女別の正しい座り方やカバンの置き方を表示」（2020年10月26日），https：//shukatsu-mirai.com/archives/80366#i-1（2021年5月25日閲覧）。

鈴木俊貴（2019）「シジュウカラ語マスター」『京都大学白眉センター』，https：//www.hakubi.kyoto-u.ac.jp/pub/267/275（2021年5月5日閲覧）。

トヨタテレビCM・WebCM（2021）「2010 Toyota Voxy CM」，https：//www.youtube.com/watch?v=qaBdVnkv78k（2021年7月22日閲覧）。

ハローワーク　インターネットサービス（2022）「履歴書・職務経歴書の書き方」，https：//www.hellowork.mhlw.go.jp/member/career_doc01.html（2022年6月4日閲覧）。

「ひこうき雲・荒井由実」（2021）https：//www.youtube.com/watch?v=9HInQDjCCRc（2021年7月26日閲覧）。

文部科学省（2017）「教職課程コアカリキュラム」，https：//www.mext.go.jp/b_menu/shingi/chousa/shotou/126/houkoku/1398442.htm（2021年4月3日閲覧）。

山口真美（2021）「なぜアジア人と欧米人でマスクへの意識が違うのか　専門家が教える，その科学的裏付け」『The Asahi Shimbun Globe+』（2021年2月13日）https：//globe.asahi.com/article/14183725（2022年9月18日閲覧）。

映画・ミュージカル・番組

NHK（2015）「にっぽん紀行　同じ空見上げて〜大阪千里川土手〜」（2015年8月24日）NHK。

小津安二郎（監督）・小津安二郎・野田高梧（脚本）（1953）『東京物語』DVD，松竹。

カーロ，ニキ（監督・脚本）（2002）『クジラの島の少女』［*Whale rider*］DVD，日本ヘラルド映画。

鈴木雅之（監督）・福田靖（脚本）（2007）『HERO』DVD，東宝。

パートレット，シャー（演出）・ハマースタイン2世，オスカー（脚本・作詞）・リチャード・ロジャース（作曲）（2019）『王様と私』［*The king and I*］（2018年8月ロンドン・パラディウム・シアター公演版）ミュージカル，イギリス・ロンドン。

フーバー，トム（監督）・サイドラー・デヴィッド（脚本）（2010）『英国王のスピーチ』［*The king's speech*］DVD，ギャガ。

フリアーズ，スティーヴン（監督）・モーガン，ピーター（脚本）（2006）『クイーン』［*The queen*］DVD，エイベックス。

フレミング，ヴィクター（監督）・ハワード，シドニー（脚本）（1939）『風と共に去りぬ』［*Gone with the wind*］DVD，アースゲート。

宮崎駿（監督・脚本）（1988）『となりのトトロ』DVD，東宝。

宮崎駿（監督・脚本）（2013）『風立ちぬ』DVD，東宝。

ラング，ウォルター（監督）・レーマン，アーネスト（脚本）（1956）『王様と私』［*The king and I*］DVD，ウォルト・ディズニー・ジャパン。

ロイド，フィリダ（監督）・モーガン，アビ（脚本）（2011）『マーガレット・サッチャー　鉄の女の涙』［*The iron lady*］DVD，ギャガ。

絵画

石川豊雅「風流子供遊十二月　十月」（1764-1771）公文教育研究会所蔵，小林忠（監修）・中城正堯（編）（2008）『江戸子ども百景（公文浮世絵コレクション）』（p. 44）河出書房新社。

カサット，メアリー（年不詳）*After the bath*（「入浴して」）The Art Institute of Chicago 所蔵。https//www.artic.edu/artworks/13524/after-the-bath。

鈴木春信「三十六歌仙　藤原元真」（1764-1772）国立文化財機構所蔵品総合検索システム　https://colbase.nich.go.jp/。

バイリー，ダーフィット（1651）*Self-portrait with vanitas symbols*（「ヴァニタスのある自画像」）https://www.wga.hu/cgi-bin/highlight.cgi?file=html/b/bailly/selfport.html&find=Vanitas。

楽曲

荒井由実（1973）「ひこうき雲」EXPRESS／東芝 EMI。

小田和正（1991）「ラブ・ストーリーは突然に」Little Tokyo／ファンハウス。

小田和正（2002）「キラキラ」Little Tokyo/BMG ファンハウス。

北川悠仁（作詞・作曲）・ゆず（演奏）（1998）「夏色」セーニャ・アンド・カンパニー。

米津玄師（2018）「Lemon」Sony Records/MASTERSIX Foundation。

　※「Lemon」の表記は，米津玄師・ソニーミュージックのホームページの表記に準じています。

事項索引

213

著者紹介

上村　妙子（かみむら　たえこ）

　聖心女子大学文学部卒業後，会社勤務を経て，Indiana University of Pennsylvania, Ph. D. in English を取得する。明海大学外国語学部英語英米文学科専任講師を経て，現在専修大学文学部英語英米文学科教授として，ライティング，異文化コミュニケーション，応用言語学に関連する授業を担当している。著書には，*Teaching EFL Composition in Japan*（専修大学出版局，2012），*EFL Grammar for Japanese Students and Teachers*（専修大学出版局，2020），『身近な異文化コミュニケーション──こころにユニバーサルデザインを──』（パレード，2022）などがある。これまでにアメリカ，カナダに滞在した経験から，それぞれの社会の根底にある価値観やものの見方に興味を持つ。趣味は旅行で，日本は全都道府県，海外は27カ国を訪れたことがあるのが小さな自慢で，さらなる記録更新を目指している。

装丁：尾崎美千子

異文化コミュニケーション
―自文化と異文化の理解をめざして―

2023年 1 月18日　第 1 版第 1 刷
2024年 3 月15日　第 1 版第 2 刷

著　者　上村妙子

発行者　上原伸二

発行所　専修大学出版局
　　　　〒101-0051　東京都千代田区神田神保町 3 -10- 3
　　　　　　　　　　（株）専大センチュリー内
　　　　電話03-3263-4230（代）

印刷
製本　亜細亜印刷株式会社